고객서비스 향상실무

CS IMPROVEMENT PRACTICE

임성은 지음

양 성 원

머리말

사람은 세상을 어떤 눈으로 바라볼 것인지, 내가 바라본 세상을 어떤 태도와 방향으로 살아갈 것인지에 대해 자기만의 방법을 정하며 산다. 그러나 4차 산업의 빠른 변화는 물질과 성공이 우선시 되면서 이타심이 간과되기도 한다.

본 저서는 올바른 생각과 바람직한 행동, 해야 할 태도와 자세 또는 지양해야 할 말 등에 관한 일반적인 생각을 정리하고, 상식에서 논리로 연결될 수 있는 사회적 가치관을 기술하고자 하였다. 또한 기본적인 사회생활의 가치관이 일상생활의 관계형성뿐만 아니라 고객을 응대함에 있어 실무적으로 서비스마인드와 서비스 능력의 향상을 이끌고자 기술하였다.

이에 본 저서는 고객서비스향상을 위해 고객서비스를 이해하고 고객서비스를 제대로 세련되게 전달하고, 고객서비스를 공감함으로써 고객서비스를 관리하여 고객과 함께 성장할 수 있는 4차 산업시대의 인재를 양성하는 데 도움을 주고자 한다.

PART 1 서비스 이해는 고객, 서비스에 대해서 정리하였으며, PART 2 서비스 전달은 서비스 이미지, 서비스 대화, 서비스 인사와 자세, 서비스 매너로써 서비스의 행동과 태도의 변화 향상을 기하고자 하였다. PART 3 서비스 공감에서는 불만고객 응대, 성격 유형별 고객 응대, 감성 서비스를 통해 고객과 공감하고자 하였으며, 마지막 PART 4 서비스 관리는 MOT 관리, 서비스 보증, 서비스 경영의 서비스 관리로 구성하여 고객서비스향상 실무 저서를 마무리 하였다.

머리말

본 저서는 고객서비스의 행동에 향상된 서비스를 위한 고객서비스 전달과 고객서비스 이해와 공감 관리로 이론과 실무를 통해 고객서비스 향상에 도움을 주고자 한다.

최근 4차 산업시대와 더불어 COVID-19라는 다양한 사회현상, 관계 속에서 올바른 사회적 가치관과 함께 자신과 다른 성격 유형을 이해하고, 고객과 소통하며 자기 자신을 업그레이드 할 수 있기를 바라는 마음으로 지난 시간 기업과 학교에서 필요하다고 생각했던 내용들을 정리하였다.

고객서비스에서 실무적 향상과 관계적 향상으로 성장한 자신의 모습을 기대하면서 구성을 마친다.

2021년 8월

저자

차례

차례

PART 1

서비스 이해

Chapter

1

고객

학습목표

- 고객의 정의를 이해하고 설명한다.
- 고객의 가치와 중요성을 이해한다.
- 고객을 분류하고 고객의 심리를 이해한다.

1. 고객의 이해

1) 고객의 개념

- 현대사회는 다양한 채널과 접근 방법을 통해 고객과 기업이 밀접한 관계를 맺고 있으며 고객의 활동과 역할이 중요해지고 있다.
- 고객은 기업유지에 있어서 가장 중요한 사람으로 기업에서 매우 중요한 대상이다. 특히 4차 산업시대 고객의 정보력과 지식수준은 전문가 못지 않게 높아짐에 따라 아이디어의 제안과 개발, 빅마우스, 인플루언서 등으로 경영 전반에 걸쳐 참여가 활발해지고 있다.
- 고객의 개념은 더욱더 확장되어 가고 있는 추세이다.
- 또한 모든 사람은 누군가의 고객이 될 수 있다. 즉, 서비스를 받는 동시에 제공하는 사람이 될 수 있음을 인지해야 한다.

인플루언서 마케팅(Influencer Marketing)

영향력을 행사하는 개인을 활용한 마케팅 방법이다. 인플루언서(Influencer)는 '영향을 주다'는 뜻의 단어 'influence'에 '사람'을 뜻하는 접미사 '–er'을 붙인 것으로 '영향력을 행사하는 사람'을 뜻하며, 포털사이트에서 영향력이 큰 블로그(blog)를 운영하는 '파워블로거'나 수십만 명의 팔로워 수를 가진 소셜네트워크서비스(SNS) 사용자, 혹은 1인 방송 진행자들을 통칭하는 말이다. 인플루언서 마케팅은 이들을 활용해 제품이나 서비스를 홍보하는 마케팅 수단이다.

인플루언서 마케팅은 고액을 지불해 유명 배우를 모델로 쓰는 것보다 상대적으로 저렴한 데다가, SNS 사용자 급증 등으로 인해 2010년 후반부터 효율적인 마케팅 방안으로 주목받고 있다.

[네이버 지식백과] 인플루언서 마케팅 (시사상식사전, pmg 지식엔진연구소)

(1) 고객[1]의 정의

- 고객의 사전적 의미는 "상점 따위에 물건을 사러 오는 손님" 또는 "단골로 오는 손님. 단골손님. 손님으로 순화"해서 사용한다고 정리하고 있다.
- 고객을 한자로 적을 때는 '돌아볼 고(顧)'와 '손님 객(客)'을 사용한다. 한자의 의미를 그대로 해석하면 '돌아보고, 돌보아 주며, 보살펴야 할 손님'이라고 해석할 수 있다.
- 고객의 영어 단어는 Customer, Client로 '상점, 호텔 등의 물건을 사러오는 사람', '초대받은 사람', '전문가의 서비스를 받는 의뢰인'으로 사용하고 있다.

〈표 1-1〉 고객의 다양한 정의

정의	구분
고객은 항상 옳다	세자르 릿츠(Ce' sar Ritz)
고객은 왕이다	스타틀러(E. M. Startler)
고객은 아내다	데이비 오길비(David Ogilvy)
고객은 신이다	일본 소니(Sony)회사
고객은 최종 결정권자이다	주식회사 LG

(2) Customer의 정의

- 서비스 기업에서는 일반적으로 고객을 'Customer'라고 표현하며, '어떤 물건이나 대상을 습관화하는 것' 혹은 '습관적으로 행하는 것'을 의미하는 'Custom'에서 어원이 유래한다.
- 온라인, 오프라인 상점에서 정기적으로 물건을 사는 손님을 지칭한다.
- 'Customer'라는 의미는 일정기간, 여러 번의 반복적인 구매를 통해 상호작용이 형성된다는 것이 중요하며 반복구매를 한 적이 없는 사람은 '고객'이라고 하기보다는 단지 구매자에 불과하다.

1) 네이버 사전

- 기업은 단순히 구매하는 사람을 끌어들이기보다는 고객을 개발하고 발전시켜야 함을 중요하게 느끼고 있다.

(3) Consumer의 정의

- 'Consumer'란 최종 소비자를 의미하며, 일반적 의미의 '고객'으로 'Consumer'는 사용되지 않는 편이다.
- 중간 도매상이나 제조업자, 중간 구매를 한 경우에는 사용하지 않는 용어로 생산된 물건을 돈을 주고 사서 쓰는 사람, 단순히 상품을 소비하는 대상자를 지칭한다.

(4) Guest의 정의

- 고급서비스를 제공하는 서비스기업에서 고객을 지칭하는 용어로써 'Guest'가 사용되기도 하며, 주로 호텔, 고급레스토랑에서 많이 사용된다.
- 초대한 사람(Host)의 반대 개념으로 초대받은 손님, 환대받을 손님, 귀하게 여겨야 할 손님을 의미한다.
- 현재는 서비스의 중요성이 인식되면서 일반기업 관공서에까지도 널리 사용되고 있다.
- 최근에는 대중매체, 라디오, 텔레비전, 오케스트라의 특별출연자의 객원연주자, 스포츠에서 동반자들에게도 사용되고 있다.

2) 고객의 가치

(1) 고객의 중요성

- 고객에서 시작되고 고객으로 끝나는 고객중심의 사고와 실천은 기업의 성장과 발전을 가능하게 한다. 따라서 고객은 기업 활동의 목표이면서 대상이다.
- 서비스를 생산하고 판매하는 서비스 기업이 성공하기 위해서는 단순히 상품만을 필요로 하는 이용 고객을 대상으로, 판매만을 목적으로 한다면 그 기업의 행태는 오래갈 수 없다.
- 서비스 기업이 성공하기 위해서는 진정으로 고객의 입장에서 고객 중심적 사고와 실천을 체험할 수 있어야 한다.
- 경쟁사와의 경쟁에서 이기는 것도 필요하지만, 고객의 변화와 시대적 트렌드를 알고 따르는 것이 중요하다.
- 이것은 단순하게 고객의 가치를 과거와 현재에 한정하는 것이 아니라 미래지향적 가치를 인식하고 개선점을 찾아가는 고객 중심 경영으로 방향을 설정해야 함을 의미한다.
- 서비스 기업은 고객의 트렌드, 핵심역량, 경쟁력 등 보다 한 차원 높은 고객가치를 중요하게 여기고, 고객가치시대에 대응하는 서비스기업으로 변화하는 것이 필요하다.
- 스타틀러 호텔의 창시자인 Ellsworth Milton Statler는 "삶은 서비스이다. 발전하는 사람이란 모든 사람들에게 좀 더 많은, 보다 나은 서비스를 제공해 주는 것이다"라고 말했다.
- 고객의 가치는 서비스를 제공하는 사람에 의해 그 가치가 달라질 수 있으며 항상 고객의 입장에서 생각하는 자세가 필요하다.

(2) 고객의 가치

❶ 생산성의 원천이다

- 기업이 존재한다는 것은 그만큼 이용하는 고정고객이 많다는 것을 의미하며, 만족한 고객은 재구매와 입소문으로 연결된다는 것을 의미한다.
- 상점에 손님이 없거나, 영화에 관람객이 없다는 것, 놀이동산에 사람이 없이 비어 있는 것, 비행기에 손님이 없다는 것은 기업이 존재하지 않는다는 것을 의미한다.

① 고객은 기업과 생존을 같이 하는 공존성의 의미를 가진다.
② 고객은 서비스가 생산되고 소비되는 과정에서 서비스 생산과 유지를 위해 상호작용한다.

❷ 경쟁자이면서 트렌드와 사업방향을 알려 준다

- 고객은 제품과 서비스가 마음에 들지 않으면 언제든지 몸과 마음을 돌려버린다. 그래서 고객을 기업의 생산 안으로 끌어들임으로써 서비스 기업을 더 잘 이해하게 되고 더 나아가 그들이 원하는 서비스와 만족을 얻게 된다.
- 고객이 원하는 가치를 창조하여 고객을 유지해야 한다. 보다 더 나은 서비스와 상품을 제공하는 기업은 얼마든지 존재하기 때문이다.

① 고객은 기업의 방향성을 알려준다.
② 가치를 소비하는 것이 아니라 가치를 창조하는 데도 일임하게 된다.
③ 고객은 기업에게 가장 중요한 주체이며, 생산라인에서 가장 중요한 요소이다.

❸ 잠재성이 있는 평생의 가치가 있다

- 고객의 가치는 가시적으로 드러나는 매출이 아닌 잠재된 가치까지 볼 수 있어야 하며, 고객의 평생가치는 기업성장전략의 핵심이 되어야 한다.

① 고객은 평생의 잠재적 누적가치가 있다.

② 고객은 입소문의 창출 누적가치가 있다.

③ 한 명의 고객이 기업에 주는 가치는 단 한 번의 구매 액수가 아닌 재구매와 입소문으로 인해 새로운 고객과 이익을 창출해 내는 부가가치를 만들어 주기 때문이다.

백종원의 골목식당

백종원씨는 연예인 소유진씨의 남편으로 지금은 연예인 못지않게 성공과 인기를 누리고 있다. SBS 백족원의 골목식당 프로그램에서는 우리나라 식당이 전체 자영업 중 폐업 업종 1위로 하루 평균 3,000명이 식당을 시작하고, 2,000명이 식당을 폐업한다고 한다. 어려운 시기에서 식당 나름의 걱정과 문제 케이스를 찾아내고 해결 방안을 제시! 식당을 시작하는 사람들에게 '교본'이 되어줄 프로그램, 골목식당 상권을 살리기 위해 뛰고 있는 더 본 코리아 백종원 대표이사의 그의 장사를 잘 하는 비결 중 한 가지를 정리해 보자.

요식업 제1 원칙은 신뢰이다.

고객의 신뢰는 고객의 말, 반응 모든 것에 귀 기울이는 것으로부터 출발한다는 것이다. 단순히 맛뿐만 아니라 고객이 들어서는 순간 느낄 수 있는 눈, 귀, 코, 체감 등의 오감으로 느끼는 모든 요소에 신경 써야 한다는 것이다. 한 예로 **동 하와이안 피자가게 사장에게 백종원 대표는 주방에 있는 의자를 치우라고 조언했으나, 사장은 어차피 손님이 없다는 이유로 이를 무시했던 것에 대해,

"주방의 의자는 식당이 전문적이지 않다는 느낌을 줍니다. 아무리 동네 장사여도 대충하고 있다는 인상을 준다면 이에 만족할 손님은 없을 것입니다."라고 말했던 것이다.

또한 백종원 대표는 다른 유명한 식당을 자주 가보라고 말하고는 한다. 업계 최고 수준의 음식을 맛보며 베스트프랙티스를 경험하라는 의미이다.

본인이 만들었다는 이유로, 또 본인이 고생했다는 이유로 '자뻑'에 빠지는 위험에 빠지지 말고 손님이 눈으로 바라보고 한번 더 고객의 눈으로 보라는 뜻 일 것이다. 왜냐하면 손님은 단지 결과만을 보기 때문이다.

음식의 맛이 없는데 열심히 만들었다는 이유로 양해해 줄 손님은 없으며 과정에 관심 갖는 것 또한 결과가 좋을 때 뿐이다.

고객 만족을 위해 개선할 일은 많다고 한다. 예를 들어 일단 손님이 많이 찾을 시간에 맞춰 최상의 재료를 준비해놓는 작업 방식(예를 들어 숙명여대 인근 식당 사장에게 백종원은 학교 수업 시간표를 외워서, 대부분 학생 손님들인 경우 수업과 연관하여 주로 언제 오는지를 알고 있어야 그때에 맞춰 최상의 음식을 낼 수 있음을 인식), 잔반의 양은 고객 만족도를 확인할 수 있는 좋은 지표라는 것이다. 잔반이 많다면 그 음식에는 문제가 있는 것에 주목해야 된다는 점이다. 그러면서 "나는 참 행복한 사람입니다. 취미를 사업으로 만들고, 그래서 돈도 벌고 즐거움도 느끼니까요. 무엇보다 내가 창업한 식당에서 내가 개발한 음식을 맛보며 만족해하는 손님들을 보는 것이 큰 기쁨입니다."라고 말한다.

그가 사업을 해오면서 같이 일하는 사람을 챙기면서 성공의 길로 함께 가는 것, 인기 비결이라고 생각한다.

출처: https://rayspace.tistory.com/1168

2. 고객 세분화

1) 고객 분류

(1) 고객 형태에 따른 분류

- 일반적으로 기업에서 흔히 "고객이란 누구라고 생각하나요?"라고 질문을 하면 보통은 "우리 제품을 사거나 이용하는 사람"이라고 대답한다.
- 하지만 좀 더 폭넓게 생각하면 "내가 하는 일의 결과를 사용하는 사람이 고객"이라고 할 수 있다.
- 내 일의 결과를 사용하는 사람은 과연 누구일까를 생각해 보자.
- 일반적으로 기업에서 상품을 구매하고 이용하는 고객은 하나이다. 하지만 고객의 가치를 생산하는 과정에서에서 내부고객과 그러한 가치를 구매하고 이용하는 시각에서 외부고객이 있다.
- 회사의 제품과 서비스를 제공받는 최종 소비자를 말하며, 이것은 협의의 고객을 의미한다. 반면 대리점, 거래처, 소비자 등을 포함하는 외부고객과 회사 내부업무를 처리하는 내부고객으로 분류할 수 있다.

❶ 내부고객

- 회사 내에서 자신이 하는 일의 결과로 도움을 받거나 그 결과를 사용하여 일을 수행하는 사람을 내부고객이라고 한다.
- 자신이 하는 일의 결과로 완성된 제품이나 서비스를 사용하는 사람을 외부고객이라고 한다.

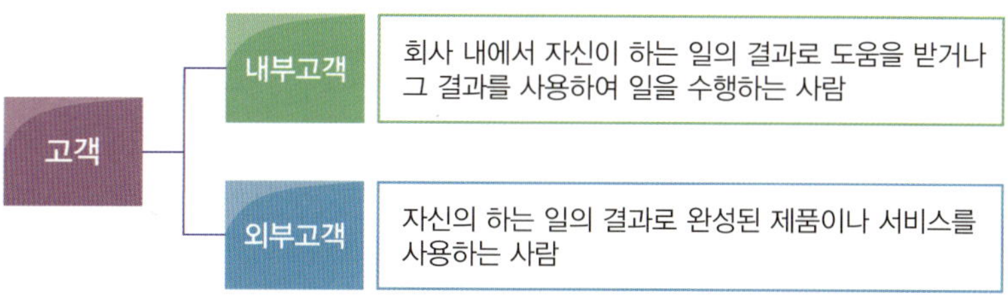

[그림 1-1] 고객의 분류

스칸디나비아 항공사 얀 칼슨 회장의 '내부고객 중요성'

스칸디나비아 항공사(SAS)의 얀 칼슨(Jan Carlzon) 사장은 "만약 당신이 고객에게 직접 서비스 하는 일을 하고 있지 않다면, 당신의 업무는 고객에게 서비스하는 그 누군가에게 서비스 하는 것이다"라고 말했다.

따라서 조직 내부의 구성원들을 내부고객이라고 한다. 기업에서 내부고객은 기업 내 조직에 포함되어 있는 각각의 구성원들이다. 예를 들어 기업에서 상품을 기획하는 부서는 생산된 상품을 판매하는 영업부서 밀접한 관계를 유지하고 있다. 이처럼 어느 한 기업의 부서는 독립되어 있으면서도 상호관계를 지속적으로 유지한다. 각 부서 구성원 개개인이 하나의 커다란 상품가치를 창조하게 된다. 특히 상품을 외부고객에게 전달하는 과정에서 내부고객에게 주어지는 환경에 따라 결과가 달라질 수 있기 때문에 기업구성원의 내부마케팅에 관한 관심은 매우 중요시 되고 있다. 내부마케팅은 기업이 외부고객과의 약속과 외부고객의 요구를 지킬 수 있도록 구성원을 교육하고, 동기부여하고, 적절한 보상을 위해 수행하는 활동을 말한다.

가끔 직장생활을 하는 사람들은 외부고객을 만족시킬 것인가?, 내부고객인 직장상사나 동료를 만족시킬 것 인가?를 고민한다. 내부고객인 직원들과 외부고객이 만족감을 동시에 추구하는 밸런스를 찾아야 할 것이다. 이 부문은 기업의 입장도 동일하다. 내부고객과 외부고객을 동시에 만족시킬 때 직원, 즉 내부고객들은 서비스 접점에서 자발적이고 우러나오는 즐거운 고객서비스가 가능할 것이다.

내부마케팅(Internal Marketing)

'외부고객에게 팔기 전에 내부고객인 직원에게 먼저 팔아라.' 이는 직원을 최초 고객으로 보고 그들에게 서비스 마인드나 고객 지향적 사고를 심어주며, 더 좋은 성과를 낼 수 있도록 동기 부여하는 활동이다. 즉, 직원의 욕구를 충족시키고 직원의 만족도에 따라 최종 고객의 만족도가 결정된다는 개념이다.

❷ 외부고객

- 외부고객은 내부고객에 의해 생산된 서비스의 가치를 최종적으로 이용하거나 구매하는 대상을 의미하며, 일반적으로 '고객'으로 통용되는 용어이다.
- 상품 서비스의 존재는 이러한 외부고객의 가치를 이해하는 것으로부터 시작한다. 외부고객은 상품이 존재할 수 있도록 하는 기준이며 목적인 셈이다.
- 최종적으로 서비스를 이용하고 구매하는 외부고객의 가치를 인식하여 내·외부고객이 통합적인 서비스가 이루어져야 한다. 즉, 서비스의 가치를 생산하는 기업내부 구성원인 내부고객과 서비스의 가치를 이용하는 외부고객 간의 원만하고 유기적인 관계가 유지될 때 고객의 가치 창출을 이룰 수 있다.

(2) 관계진화 과정에 따른 분류

- 오늘날 고객은 기업 간의 관계의 발전단계에 따라 잠재고객, 신규고객, 기존고객, 핵심고객, 이탈고객으로 세분화된다.
- 특히 핵심고객이란 재무적 기여도가 높을 뿐만 아니라, 입소문을 내고 다른 사람에게 취하는 등 긍정적인 영향력을 행사할 수 있는 고객을 의미한다.

❶ 잠재고객

- 자사의 제품이나 서비스를 구매하지 않는 사람들 중에 향후 자사의 고객이 될 수 있는 잠재력이 있는 집단이다.

❷ 신규고객

- 잠재고객이 처음으로 구매를 하고 난 후의 고객을 의미한다.

❸ 기존고객

- 신규고객들 중 2회 이상 반복 구매한 고객을 의미한다.

❹ 핵심고객

- 자사의 제품을 반복적으로 구매하면서 구전효과, 타인 추천으로 긍정적 행동 의도를 갖고 있는 고객을 의미한다.

❺ 이탈고객

- 더 이상 자사의 제품을 이용하지 않는 고객을 의미한다.

(3) 참여관점에 따른 분류

〈표 1-2〉 **참여관점에 따른 고객 분류**

분류	내용
직접고객(1차고객)	제품이나 서비스를 구입하는 사람
간접고객	개인 또는 집단의 최종 소비자 혹은 2차 소비자
의사결정고객	직접적으로 제품이나 서비스를 구입하거나 사용하지는 않지만 1차 고객이 선택하는 데 영향을 미치는 고객
의견선도고객	제품이나 서비스에 대한 모니터링·평가·심사 등에 영향을 미치는 집단(소비자보호 단체, 기자, 평론가, 전문가 등)
법률규제자	소비자 보호와 관련하여 법률을 만드는 정부나 의회
단골고객	자사의 제품이나 서비스를 지속적이고 반복적으로 구매하는 고객
경쟁자	제품 및 서비스 전략과 고객관리 등에 영향력을 끼치는 고객
옹호고객	단골고객의 성향을 갖고 있을 뿐 아니라 타인에게 적극 추천하는 고객
한계고객	디마케팅 대상이 되는 고객으로 기업의 수익에 별 도움이 되지 않는 고객을 배제하여 자사상품과 서비스에 대한 구매를 의도적으로 줄여 고객활동이나 가치를 중지할 수 있는 고객 * 디마케팅(Demarketing): 기업들이 자사 상품에 대한 고객의 구매를 의도적으로 줄임으로써 적절한 수요를 창출하는 마케팅 기법(두산백과)
얼리 어답터(Early Adopter)	제품이 출시될 때 가장 먼저 구입해 제품에 관한 정보를 접하고 평가를 한 후 주변 인들에게 제품정보 및 특성을 알려주는 성향을 가진 소비자군
체리피커(Cherry Picker)	기업의 상품구매, 서비스 이용실적은 저조하면서 자신의 실속 챙기기에만 관심 있는 고객으로 기업이 이들을 차별적으로 관리하기 위해 디마케팅(Demarketing)을 하기도 함

2) 고객의 특성

(1) 고객 유형별 특성

❶ 밝고 유쾌하며 호의적인 고객

- 밝고 유쾌한 반응을 수시로 나타내며 매사에 긍정적인 유형이다.
- 흥미를 가질 수 있도록 호기심을 자극하는 이야기를 하는 것이 좋다.

❷ 부정적이고 비판적인 고객

- 매사에 부정적인 성향이 강하여 일단 의심부터 하는 유형이다.
- 응대할 때 고객의 감정적인 문제를 먼저 이해하고 기분을 맞춰주고 배려하면서 응대한다.

❸ 차분하고 사색가형인 고객

- 말이 별로 없고 주로 듣기만 하는 유형으로 조용하고 교양이 있는 점잖은 고객이다. 그러나 속으로는 정보를 파악하고 분석하는 경향이 강하다.
- 응대 시에는 믿음과 신뢰를 얻을 수 있도록 사실에 근거한 진실을 말하는 것이 좋으며 전문가적인 느낌으로 확신을 심어주는 것이 좋다.
- 일단 신뢰와 믿음이 쌓이면 호의적으로 변하며 주변 사람들에게도 소개해 주는 경우가 많다.

❹ 능력 있는 수완가형인 고객

- 자신감과 능력을 지닌 권위주의적 고객이다. 대화 중에 강한 자존감을 나타낸다.
- 진지하면서도 명랑하고 사회적으로 지위가 있거나 인정을 받는 사람이다.
- 정확한 설명과 더불어 확신을 준다면 빠른 결정을 내리는 경향이 강하며 판에 박힌 말이나 행동을 싫어하므로 융통성 있게 응대해야 한다.

❺ 소극적이고 두려움이 많은 고객

- 누군가가 결정을 내려주기를 원하는 유형이다.
- 응대 시 질문을 많이 해서 고객의 의도를 파악하는 게 좋다.

❻ 평범하고 일반적인 고객

- 복잡한 설명을 싫어하고 일반적이고 간단한 것을 좋아하는 유형이다.
- 응대 시 복잡한 설명은 피하고 호기심을 자극할 수 있는 이야기로 흥미를 유발해야 한다.

(2) 고객연령별 특성

❶ 10~20대 초반 고객

- 자유분방하며 유행에 민감하다.
- 동료 및 주위 사람들에게 영향을 많이 받는다.
- 무리를 이루고 다니며 쇼핑을 많이 한다.
- 브랜드 지향적이며, TV 광고 및 SNS에 영향을 많이 주기도 하고 받기도 한다.

❷ 20~30대 초반 고객

- 브랜드 지향적이며 동료들과 차별화를 원한다.
- 연애, 결혼, 레포츠, 워라밸 등에 관심이 높다.
- 소비의욕이 강하며, 어느 정도의 경제력을 가지게 된다.

❸ 30~40대 초반 고객

- 가족에 대한 책임을 강하게 느낀다.
- 교육열이 높아지며, 자녀에 대한 관심이 높다.
- 부부인 경우 소비의 실권이 여성에게 넘어가는 경향이 있다.
- 할인기간에 구매력이 높고 비교·분석한다.

❹ 40~50대 초반 고객

- 소비성향이 변화하기 시작하며 경제적 불안감을 생각하기도 한다.
- 경제적 여건에 따라 구매력에 커다란 차이를 보인다.
- 보수성을 띠게 되며 알뜰 구매형이 많다.
- 건강에 관심을 가지며 과거의 추억에 관한 이야기를 좋아한다.

❺ 60대 이후 고객

- 건강에 대한 관심이 절대적이므로 건강에 대한 관심을 보여줌으로써 고객에게 호감을 얻을 수 있다.
- 완고한 느낌이 들 수 있고 신중한 성향을 띠는 연령이므로 개개인을 대상으로 신중하고 친절한 응대가 필요하다.
- 손녀, 손자에 대한 관심이 높아 손녀, 손자에 대한 대화를 이끄는 것도 좋다.
- 삶의 보람을 찾기 위해 노력한다.

3) 고객 심리

- 서비스 직원은 고객의 입장에서 배려하고 생각하는 마음과 자세를 가져야 한다.
- 고객의 말에 귀를 기울이게 되면 고객도 직원의 입장을 배려하는 마음을 함께 갖게 될 것이다.
- 그러므로 고객의 마음을 읽고 기본적인 고객의 심리를 존중하여 서비스하는 것이 중요하다.

(1) 환영 기대 심리

- 고객은 언제나 존중과 환영받기를 원하므로 언제나 밝고 긍정적인 미소로 첫인사 하는 것이 중요하다. 고객은 처음 매장에서 직원을 만났을 때 반갑게 환영해 주고 반가워 해 주기를 바라는 심리가 있는 것이다.

(2) 독점 기대 심리

- 고객은 누구나 모든 서비스에 대해 독점하고, 독점 받고 싶은 심리를 가지고 있다. 그러나 고객 한 사람에게만 독점의 심리를 만족시키다보면, 또 다른 고객의 불만과 불편을 만들 수 있게 된다. 모든 고객에게 공평하고 공정한 친절을 베풀 수 있는 마음의 준비가 필요하다.

(3) 우월 심리

- 고객은 누구나 자신이 우월하며, 존중받고, 대접받고 싶은 심리가 있다. 직원은 서비스 직업의식으로 고객의 자존심을 인정하고 자신을 낮추는 여유, 겸손한 태도, 행동이 필요하다. 또한 고객의 장점을 잘 찾아내어 적극적으로 칭찬하고 고객의 실수를 덮어주려는 요령이 필요하다.

(4) 모방 심리

- 고객은 다른 고객을 닮고 싶은 심리를 가지고 있다. 반말을 하거나 조금 무례한 고객에게 정중하게 표현할 수 있는 서비스 인성과 지혜가 필요하다. 정중하고 친절하게 대화하면 고객도 반응하게 되며, 다른 고객과 친절한 대화를 모방하면서 친절한 대화를 나누게 된다.

(5) 보상 기대 심리

- 고객은 자신이 비용을 들인 만큼 대접을 받기를 기대하며 다른 고객과 비교해서 손해를 보고 싶지 않은 심리를 가지고 있다. 그러므로 고객의 기대에 어긋나지 않는 물적·인적 서비스를 공평하게 제공하는 것이 중요하며, 부득이 특정 고객에게 별도의 서비스를 제공하게 되는 경우에는 그 서비스를 받는 고객보다 주변의 다른 고객에 대해 더욱 세심한 배려가 중요하다.

(6) 자기 본위 심리

- 고객은 각자 자신의 가치 기준을 가지고 항상 자신의 생각을 위주로 모든 사물과 상황을 판단하는 심리를 가지고 있다.

오팔(OPAL)세대

"이커머스 시장이 지금까지는 젊은 층을 중심으로 성장해왔지만 앞으로는 인터넷 · 모바일 환경에 익숙하고 구매력까지 갖춘 오팔세대가 주력 고객층이 될 것으로 업계는 전망한다."

신세계그룹 온라인 통합 쇼핑플랫폼 SSG닷컴은 지난 2016년 1월 1일부터 2019년 10월 31일까지 약 4년간 연령대별 주문건수 추이를 분석한 결과 50대 이상 고객의 주문 비중이 매년 2~3% 포인트씩 늘고 있는 것으로 나타났다고 24일 밝혔다.

특히 올해 이들의 주문 비중은 역대 최다인 15%, 매출은 20% 수준에 달했다.

오팔세대는 김난도 교수의 서울대학교 소비트렌드 분석센터가 매년 발간하는 '트렌드코리아 2020'에서 처음 등장한 단어다.

'활기찬 인생을 살아가는 신노년층(OPAL · Old People with Active Lives)'의 앞 글자로 만든 신조어이자 다채로운 빛깔을 띠는 보석인 '오팔(OPAL)', 그리고 '58년 개띠' 등에서 따온 중의적 표현이다.

출산율이 내려간 지 오래인데다 청년실업 심화로 젊은 층은 좀처럼 활력을 찾지 못하고 있다.

이런 사이 정보화 혁명 시대에 젊은 시절을 보내고 현재도 상당한 구매력을 갖춘 5060이 이커머스에서도 주된 고객으로 떠오르고 있는 것이다.

출처: 이커머스 5060세대 핵심고객으로 부상 | 작성자 나한채

Worksheets

1. 본인이 생각하는 고객에 대한 정의를 정리해 봅시다.

2. 서비스 직원이 되어 각각 제시한 곳에서 고객의 특성과 심리에 대해서 정리해 봅시다.

업종	고객의 특성과 심리
레스토랑	
미용실	
공항	
쇼핑몰	
극장	
기타	

MEMO

Chapter

2

서비스

학습목표

- 서비스 개념을 이해하고 설명한다.
- 서비스 품질의 개념과 구성을 학습하고 설명한다.
- 서비스 마인드를 학습하고 서비스 리더십을 적용한다.

1. 서비스 개념

1) 서비스의 개념

(1) 서비스의 어원

- 서비스(service)의 어원은 라틴어인 'servitium(노예의 상태)'과 프랑스어 'sevus(노예)'에서 유래하였다.
- 서비스의 의미는 '노예가 주인에게 충성을 바친다'에서 출발한다.
- 오늘날은 의미가 점차적으로 발전하여 '상대를 위한 봉사'를 의미하게 되었다.

(2) 서비스의 정의

- 서비스란 유형의 상품이나 재화와는 다르게 소유권을 이전하지 않고 고객에게 편익과 만족을 주는 무형적 활동으로 고객과 지속적으로 관계를 유지하면서 고객을 이탈하지 않게 조직화하는 일련의 경영활동이라 할 수 있다.
- 우리나라 국어사전에서는 '남의 뜻을 받들어 섬김', '남을 위하여 자신을 돌보지 않고 노력함', '국가와 사회를 위하여 돌보지 않고 노력함' 등의 의미로 사용된다.
- 영어사전의 의미는 '봉사, 돌봄, 접대, 시중, 조력, 종교의식, 수리, 보수' 등 다양한 의미와 개념으로 사용되고 있다.

〈표 2-1〉 서비스 다양한 학자들의 정의

미국마케팅 협회(1966)	서비스란 판매를 위해 제공되거나, 상품 판매에 수반되는 제반활동으로서 통신, 수송, 이용고객 서비스, 수선 및 정비서비스, 신용평가를 의미한다.
Blois(1974)	서비스란 현재의 형태에 물리적 변화를 가하지 않으면서 편익과 만족을 산출하는 판매를 제공하는 행위이다.
Berry(1980)	서비스는 물리적으로 소요가 불가능한 행위나 일의 수행 또는 어떤 노력을 포함하고 있는 무형의 제품이다.

Kotler(1984)	서비스란 상대편에게 제공하는 효용적 가치나 그에 따른 행위로서 무형성의 본질과 소유권 이전을 수반하지 않는다. 서비스의 생산은 유형제품에 연결되거나 연결되지 않을 수 있다.
Zeihaml & Bitner(1998)	서비스란 행위(deeds), 과정(processes) 및 그 결과가 되는 성과(performances)이다.
위키백과(2019)	서비스란 용역(用役)이라고도 하며 물질적 재화 이외의 생산이나 소비에 관련한 모든 경제활동을 일컫는다.

우리 주변에서 '서비스'라는 말을 사용하는 예

서비스라는 말은 어디에서나 업종과 분야에 따라 친근하고 다양한 의미로 사용되고 있다. 예를 들어 '이 물건은 서비스가 좋습니다.', '이렇게 많이 샀는데 서비스는 더 없어요?', '직원들의 서비스가 훌륭합니다.' 등 모두 똑같은 서비스라는 표현을 사용했지만 개념은 조금씩 다르다.

이처럼 서비스는 봉사, 친절, A/S, 무료, 덤 등의 의미가 담겨 있으며, 서비스를 한마디로 정의하는 것은 어렵다. 그러나 서비스가 고객이 원하는 만족과 편익을 위해 하는 활동이며, 재화나 서비스 상품을 구입한 고객에게 사전 및 사후에 책임관리를 하는 것임에는 분명하다고 하겠다.

(3) 서비스의 중요성

- 과거에는 단지 제품의 품질과 낮은 가격이 경쟁력을 가졌다면, 오늘날 제품의 품질은 기본으로 판매서비스, 정보지원 서비스, 경영지원 서비스, 애프터서비스 등은 고객만족의 중요한 무기이다.
- 고객서비스의 차별화야 말로 강력한 경쟁수단이 될 수 있으며, 경쟁시대가 된 것이다.
- 서비스도 제품과 마찬가지로 하나의 상품으로서 인식하고, 서비스 품질과 고객만족을 위하여 지속적인 관리가 필요할 것이다.

2) 서비스의 특성

- 서비스는 무형성, 동시성, 이질성, 소멸성의 특성을 가진다.

(1) 무형성(Intangibility)

- 무형성은 서비스를 유형적 제품처럼 우리의 오감으로 느낄 수 있는 것이 아니라, 형태를 제시할 수 없기에 만지거나 볼 수 없다.
- 서비스는 객관적으로 가치를 파악하고 평가하는 것이 쉽지 않다는 것을 의미한다.

① 시각적으로 인식하는 것이 곤란하다.
② 모델링과 모방이 쉽다.
③ 지속적으로 같은 형태와 품질을 유지하는 것이 어렵다.
④ 소유권이나 거래가 불가능하다.

즉, 효과적인 서비스를 제공하고 무형성을 극복하기 위해서는 서비스의 긍정적 구전활동(기업 이미지의 관리 및 홍보), 커뮤니케이션의 활성화, 서비스의 유형화 활동이 필요하다.

(2) 동시성(Inseparability)

- 동시성은 분리되지 않는다는 의미이다. 제품의 경우는 생산과 소비가 분리되어 일단 생산이 된 후 판매되고, 나중에 소비가 이루어지지만 서비스는 생산과 소비가 동시에 이루어진다는 것을 의미한다.
- 서비스 제공자가 고객에게 제공함과 동시에 고객은 이를 소비하기 때문에 고객이 서비스를 공급하는 과정에 참여하는 경우가 많다.

① 계획적인 생산이 어렵다.
② 재고관리가 되지 않기 때문에 수요 관리가 중요하다.
③ 동시 생산과 소비로 현장에서만 구매가 가능하다.
④ 생산과 소비가 동시에 이루어져 유통이 불가능하다.

즉, 효과적인 서비스를 제공하고 동시성을 극복하기 위해서는 직원 선발과 교육에 집중하여, 고객관리를 철저하게 하고, 서비스망의 분산과 확대가 필요하다.

(3) 이질성(Heterogeneity)

- 이질성은 서비스는 누가, 언제, 어디서 제공하느냐에 따라 달라질 수 있는 개별적 특성을 가지고 있다는 의미이다.
- 서비스 제공자의 성격, 컨디션, 환경과 상황에 따라 서비스의 내용 및 품질이 달라질 수 있다. 이처럼 서비스의 생산 및 제공 과정에서 여러 가지 가변적 요소가 발생하기 때문에 같은 사람이 고객에게 제공한 서비스가 그 다음 고객에게 제공한 서비스와 다를 가능성이 존재하는 것이다.
- 이질성이란 서비스의 표준이 서비스를 제공하는 대상자마다 달라질 수 있다.

① 표준화 작업이 어렵다.
② 표준화 통제가 어렵다.

즉, 효과적인 서비스를 제공하고 이질성을 극복하기 위해서는 서비스 프로세스를 세분화하여 체계화하고, 정형화된 매뉴얼이 필요하다. 뿐만 아니라 표준화 교육을 통해 표준화와 개별화의 차이를 줄이고 조화를 이루는 것이 중요하다.

(4) 소멸성(Perishability)

- 소멸성은 생산 후 재고의 보관이 불가능하다는 것을 의미한다.

- 제품의 경우는 생산을 해서 판매 후 남은 재고를 보관하여 재판매가 가능하지만, 서비스는 재고를 보관하거나 재판매는 할 수 없다.
- 서비스는 사용하지 않으면 사라지며, 또한 재고 관리가 불가능하다.

① 저장이 불가능하다.
② 원형 보존이 불가능하다.

즉, 효과적인 서비스를 제공하고 소멸성을 극복하기 위해서는 직원선발과 교육에 집중하여, 고객관리를 철저하게 하고, 서비스망의 분산과 확대가 필요하다.

〈표 2-2〉 서비스 특성의 극복전략

특성	문제점	극복전략
무형성 (Intangibility)	• 저작권, 특허 곤란 • 진열, 이전 곤란 • 가격설정기준 모호 • 저장 곤란	• 구전, 홍보활용 • 기업 이미지 관리 • 가격설정 시 철저한 분석 • 구매 후 커뮤니케이션 강조
동시성 (Inseparability)	• 생산과 거래의 비분리 • 고객의 영향력 큼 • 직원이 서비스 결과에 영향 • 대량의 동시생산 곤란	• 고객관리 철저 • 직원선발 교육 확충 • 서비스 조직문화 구축 • 다양한 서비스망 구축
이질성 (Heterogeneity)	• 직원의 이질적 다양성 • 고객의 이질적 다양성 • 표준화 곤란 • 품질통제 곤란	• 서비스 표준화 교육 • 서비스 매뉴얼 구축 • 고객에 따른 개별 서비스 • 반복교육과 체득화
소멸성 (Perishability)	• 수요와 공급의 균형화 곤란 • 재고, 보관 곤란 • 반품과 환불 곤란	• 수요와 공급 간의 조화 • 직원의 엄선 • 고객관리 철저 • 서비스망의 분산과 확대

3) 서비스의 구성

(1) 서비스 구분

- 서비스는 크게 기능적 서비스와 정서적 서비스의 두 가지 영역으로 구분하기도 하며, 서비스 트라이앵글모델로 구분하기도 한다.
- 바람직한 서비스란 편리하고 쾌적한 환경과 서비스를 행하는 사람의 마음에서 진심으로 우러나오는 친절함이 조화를 이루는 것으로 기능적 서비스와 정서적 서비스가 균형을 이룰 때 만족하는 서비스가 창출될 수 있다.

❶ 기능적(Hardware) 서비스

- 기능적 서비스란 서비스 공간, 건물, 시설 등의 업무에 필요한 사항이다.
- 업무를 효과적으로 만들기 위한 제반사항과 작업기준, 지침서 등을 말한다.
- 'Hardware'라고 표현하기도 한다.

❷ 정서적(Software) 서비스

- 정서적 서비스란 직원이 고객에게 행하는 전체적인 것을 의미한다.
- 고객을 대하는 태도, 자세, 표정, 용모, 인사, 자세, 말씨 등으로 고객을 응대하는 직원의 인적(人的) 요소이다.
- 'Software'라고 표현하기도 한다.

❸ 서비스 트라이앵글

- Karl Albrecht는 기능적 서비스와 정서적 서비스 외에 고객만족 서비스의 가장 중요한 요소로 고객만족전략, 고객만족시스템과 인적 응대 세 가지를 강조하여 서비스 트라이앵글 모델을 개발, 적용하게 되면 서비스에서 더 나아가 고객만족 경영에 접근할 수 있다고 제시하였다.
- 고객만족전략은 고객을 중심으로 한 전략이다.
- 고객만족시스템은 시스템 중심의 전략이다.

- 인적응대는 인적 자원이 상호작용하는 서비스 전략이다.
- 서비스 마케팅의 성공요인은 '전략-시스템-사람'의 조화라고 할 수 있다.

즉, 고객만족과 서비스를 통해 조직이 발전하기 위해서는 올바른 '전략'이 수립되고, 전략 추진을 위한 '시스템'이 잘 갖춰져야 하며, 전략실행 및 시스템을 운영할 능력이 있는 '사람'이 조화를 이루어야 한다는 의미이다.

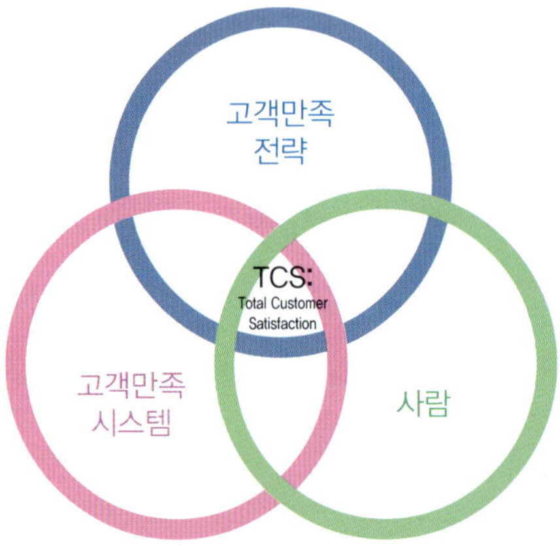

[그림 2-1] 고객만족 서비스 트라이앵글

2. 서비스 품질(SERVQUAL)

1) 서비스 품질 개념

- 서비스 품질은 무형성, 동시성, 이질성, 소멸성이라는 서비스 특성으로 인해 개념의 정의도 쉽지 않고, 품질을 객관적으로 측정하는 것이 어렵다.
- PZB(1988)[1]는 서비스 품질을 특정 서비스의 우수성에 대한 소비자의 전반적

1) Parasuraman, Zeithaml, Berry PZB Service Quality Model이라고 불리는 서비스 품질 모델을 제시

인 태도와 판단으로 정의하였으며, 서비스 품질이 고객에게 제공된 서비스 수준과 고객의 기대와의 일치 정도에 따라 측정될 수 있다.[2)]

- 서비스 품질은 서비스 전달과정에서 고객에게 제공된 서비스 수준과 고객의 기대했던 서비스 수준과의 일치 정도에 따라 측정될 수 있다.

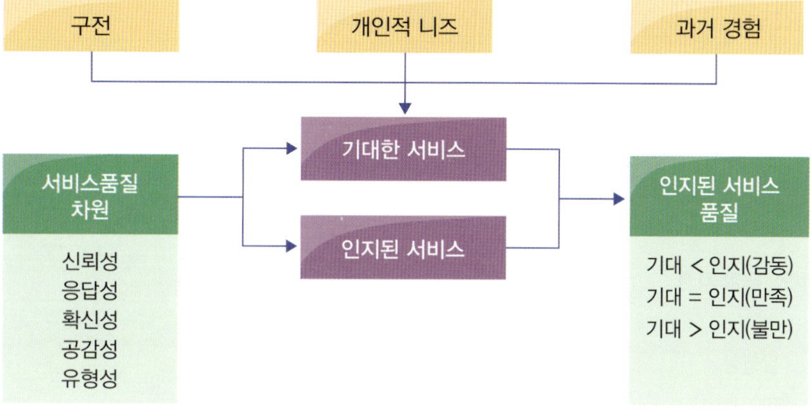

출처: Parasuraman, Zeithaml, Berry(1985).

2) 서비스 품질의 평가요소

- PZB(1985)는 서비스 품질(SERVQUAL)을 평가하는 요소를 제시하였다.
- 처음 신뢰성(reliability), 응답성(responsibility), 능력(competence), 접근성(access), 예절(courtesy), 의사소통(communication), 확실성(credibility), 안정성(security), 소비자 이해(understanding) 그리고 유형성(tangibility)으로 제시하였고, 이후 중복되고 명확한 의미 구분이 어려운 요인들을 재구성하고 정교화 작업을 진행하여 5가지 차원의 서비스 품질 측정도구인 SERVQUAL로 제안하였다.[3)]

2) 교육서비스품질과 경험품질이 조직충성도에 미치는 영향(임성은)
3) 교육서비스품질과 경험품질이 조직충성도에 미치는 영향(임성은)

〈표 2-3〉 서비스품질의 5가지 차원

차원	정의
유형성(Tangibles)	물리적 시설, 장비, 직원 용모
신뢰성(Reliability)	약속된 서비스를 정확하게 수행하는 능력
응답성(Responsiveness)	소비자에게 신속한 서비스를 제공하려는 의지
확신성(Assurance)	직원의 지식과 정중함 및 신뢰를 줄 수 있는 능력
공감성(Empathy)	소비자에 대한 개별적인 배려와 관심

출처: PZB(1988).

3) 서비스 품질 측정 세부 항목

서비스 품질 차원	세부항목
유형성 (Tangibles)	• 최신 설비를 갖추고 있다. • 물리적 시설이 시각적으로 마음에 든다. • 직원들의 용모, 복장이 단정하다. • 물리적 시설이 제공된 서비스와 일치한다.
신뢰성 (Reliability)	• 정해진 기한에 약속한 서비스를 지킨다. • 고객이 문제를 제기할 때 관심을 보인다. • 기업을 신뢰할 수 있다. • 약속한 시간에 서비스를 제공한다. • 기록한 자료와 정보를 유지한다.
응답성 (Responsiveness)	• 서비스가 언제 제공될지 정확하게 알려준다. • 직원으로부터 신속한 서비스를 기대한다. • 직원은 자발적으로 고객을 돕는다. • 직원은 바쁜 시간에도 고객의 요구에 즉시 응대한다.
확신성 (Assurance)	• 직원을 신뢰할 수 있다. • 안심하고 거래하기 위한 안전함이 있다. • 직원들은 예의바르고 공손하다. • 질문에 충분히 답변할 지식을 보유하고 있다.
공감성 (Empathy)	• 기업은 고객에게 개별적인 관심과 배려를 한다. • 고객의 입장에서 시간을 맞춘다. • 직원들은 고객에게 개별적인 관심과 배려를 한다. • 기업은 고객의 이익을 진심으로 생각한다. • 직원은 고객의 최대 관심사를 인지하고 있다.

출처: PZB(1988).

3. 서비스 리더십

1) 서비스 리더십 개념

- 리더십은 길, 경로, 혹은 배가 지나가는 진로를 의미하는 고대 앵글로색슨어인 리드(lead)에서 유래한다. 이 어원에 따르면 리더는 "길을 만들고, 가보고, 보여주는 (안내하는) 사람"이라는 의미를 가진다.

Leader is one who makes the way, goes the way, and shows the way.

- 서비스 리더는 혼자 존재하는 것이 아니라, 고객과 함께 활동하는 존재이다.
- 4차 산업혁명시대에는 과거의 수직적 리더십에서 창의와 수평, 자율이라는 키워드의 서비스 리더십이 필요하다.
- 서비스 리더는 시대적·사회적 환경변화 속에서 통제, 규제, 명령과 지시 대신 서비스를 통해 직원들과 파트너십을 이룰 수 있어야 한다.
- 선배는 자발적으로 창의력을 발휘할 수 있도록 도와주는 역할을 해야 하며, 직원 스스로는 파트너십을 갖고 스스로 동기부여하는 사람이 되어야 한다.

2) 서비스 리더십 구성

(1) 서비스 리더십의 기본 마인드

- 상호관계에 기초하여 쌍방향 커뮤니케이션으로 직원들과 고객들에게 자발적 참여를 이끌어 낸다.
- 협력, 배려, 지원, 칭찬 등을 아끼지 않는다.
- 본인 업무의 질을 높일 수 있도록 정성을 다한다.
- 회사의 의사결정에 참여하며, 내부직원의 만족 없이는 외부고객을 만족시킬 수 없다는 마음을 갖는다.
- 회사의 대표임을 자각하고 내부직원과 외부고객을 동시에 만족시켜 성장과 발전의 발판이 되어야 한다는 점을 인지한다.

(2) 서비스 리더십의 핵심요소

- 서비스 리더십의 핵심요소는 서비스 신념(Service Concept), 서비스 태도(Service Mind), 서비스 능력(Service Skill)이다.
- 세 가지 요소의 관계는 더하기의 관계가 아닌 곱하기의 관계로 상호 간에 함께 움직여야 더욱 발전 가능하다.

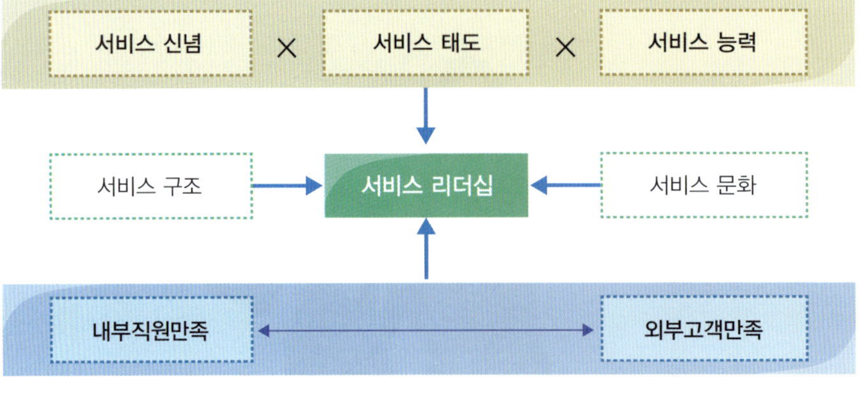

[그림 2-2] 서비스 리더십 구성

- 서비스 리더십의 서비스 신념(Service Concept)은 사람의 머리에 해당하는 개념으로 서비스 제공자와 고객과의 관계에서 수평적 관계에 가치관을 두는 것이다. 고객만족을 위해 내·외부고객이 함께 실천하고 공유하는 비전을 만들고, 고객만족을 위해 서비스지향적인 요소들을 혁신 발전시켜야 한다는 것이다.
- 서비스 태도(Service Mind)는 사람의 가슴에 해당하는 개념으로 긍정적이고, 적극적으로 고객과 서비스를 통해 파트너관계를 지속하고자 노력하는 관심과 배려의 신뢰 자세를 말한다.
- 서비스 능력(Service Skill)은 사람의 손과 발을 의미하는 것으로 고객의 욕구를 파악하고, 이를 충족시키기 위해 필요한 창의적 서비스 능력, 운영능력, 인간관계 능력을 말한다. 서비스 리더십은 세 가지 요소가 상호조화를 이룰 때 균형 잡힌 고객만족이 이루어진다.

(3) 서비스 리더십의 목표

- 서비스 리더십의 목표는 고객만족이다.
- 고객만족은 내부고객만족과 외부고객만족을 의미한다.
- 내부고객, 즉 직원이 고객에게 대접을 받고 만족을 느끼며, 그 만족을 바탕으로 외부고객에게 만족과 감동을 되돌려 줄 수 있는 서비스를 제공하게 하는 선순환의 구조를 갖는 것이다.

아리스토리아 호텔의 탄생

거센 비바람이 몰아치는 늦은 밤에 미국 필라델피아의 작은 호텔에 노부부가 들어온다.

노부부는 “혹시 방이 있을 까요?”라고 물었고, 직원이 예약이 차서 빈 방이 없는 것을 확인하고는 주변에 다른 호텔에 방이 있는지를 알아보았다. 하지만 근처 어느 호텔에도 방은 없었다.

세찬 비바람과 늦은 밤이기에 직원은

“호텔에 방은 없습니다만, 비가 많이 오고, 너무 늦은 시간이니 혹시 괜찮으시다면 누추하지만 제 방에서 주무시면 어떨까요?”라고 말하였다.

다음 날 체크아웃하면서 노신사는 직원에게 감사의 인사말을 전하였다.

“당신은 미국에서 제일 좋은 호텔의 사장이 되어야 할 분인 것 같습니다.”

라는 칭찬의 말과 고마움을 표시하였다.

그리고 2년이 흐른 뒤, 그 직원은 뉴욕행 비행기표와 함께 노신사의 편지를 받게 된다. 그 노신사는 뉴욕 호텔의 주인인 ‘윌리엄 월도프 아스토’였으며, 그 직원의 이름은 조지 볼트였다. 조지 볼트는 월도프 아스토리아 호텔의 사장이 된다.

Worksheets

1. 내가 생각하는 서비스의 정의를 내리고 서비스의 특성을 극복하기 위한 구체적인 방법들을 세부적으로 정리해 봅시다.

■ 내가 선정한 서비스 업종:

항목	구체적인 방법
내가 생각하는 서비스의 정의	
서비스의 특성 무형성	
서비스의 특성 동시성	
서비스의 특성 이질성	
서비스의 특성 소멸성	

Worksheets

2. 서비스 업종 한 곳을 선정하여 (예: 병원, 식당, 호텔, 항공사, 리조트 등) 서비스 품질 차원을 향상시킬 수 있는 구체적인 방법들을 세부적으로 정리해 봅시다.

■ 내가 선정한 서비스 업종:

서비스 품질 차원	구체적인 방법
유형성 Tangibles	
신뢰성 Reliability	
응답성 Responsiveness	
확신성 Assurance	
공감성 Empathy	

Worksheets

3. 서비스 마인드 향상을 위해 스스로가 가져야 할 마음가짐과 행동들에 대한 실행방법들을 정리해 봅시다.

마음가짐	
행동	

PART 2

서비스 전달

Chapter

3

서비스 이미지

학습목표

- 이미지의 개념을 학습하고 이해한다.
- 이미지 메이킹의 개념을 이해하고 자신의 이미지를 개선한다.
- 단정한 용모복장을 이해하고 점검한다.
- 퍼스널 컬러를 이해하고 진단한다.

1. 이미지 메이킹

1) 이미지의 이해

(1) 이미지의 개념

- 마음속에 그려지는 사물의 감각적 영상 또는 심상을 말하는 것으로 라틴어 '모방하다'라는 뜻의 Imago와 Imitary에서 유래되었다.
- 어떤 사물이나 사람을 봤을 때 떠오르는 단어, 감정, 생각, 느낌 등의 총체적 형상이다.
- 이미지는 주관적 경험과 심리 상황 등 여러 가지 요인에 의해 다르게 형성될 수 있으며, 일반적으로 인간이 어떠한 대상에 대해 갖고 있는 선입견으로 볼 수 있다.
- 이미지는 외적 이미지와 내적 이미지로 구분할 수 있다.
- 외적 이미지는 표면적으로 드러나서 보여지는 표정과 용모와 복장을 의미하며, 내적 이미지는 그 사람의 생각, 감정, 욕구, 심성, 습관 등에 의한 고유하게 형성된 심리적·정서적·정신적인 부분을 말한다.

메라비언의 법칙

앨버트 메라비언(캘리포니아 대학교 로스앤젤레스 캠퍼스의 심리학과 명예교수)의 'Silent Message'(1971) 첫 이미지는 커뮤니케이션에 있어 매우 중요한 요소로서 '시각적 이미지'는 자세, 용모와 복장, 제스처 등 외적으로 보이는 부분을 의미하고, '청각적 이미지'는 목소리 톤이나 음색처럼 언어의 품질을 말하며, '언어'는 말의 내용을 의미한다고 저술하고 있다. 여기에서 앨버트 메라비언 교수는 언어가 차지하는 비중은 7%, 반면에 청각적 이미지는 38%와 시각적 이미지가 55%를 차지하여 대화내용과 직접적으로 관계없는 요소가 93%로 이미지를 좌우한다고 설명했다.

이것을 메라비언의 법칙 또는 메라비언의 차트라는 말로 사용하기도 한다.

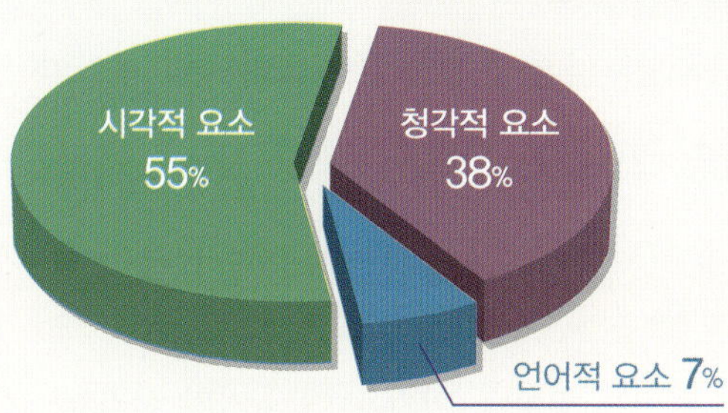

(2) 이미지의 중요성

❶ 대인 지각 이미지

- 대인 지각 이미지란 타인을 만났을 때 타인의 여러 가지 특성에 대해 느끼는 전반적인 지각을 의미한다.
- 타인을 만났을 때 느끼게 되는 내적, 외적, 음성·언어 표현적, 사회적 이미지를 인지하는 과적으로 행해지며, 자신의 고정관념 등에 의해 영향을 받는다.
- 대인 지각에서 첫인상은 처음 만난 2~10초 내에 결정되어 처음 누군가를 만나서 받은 이미지는 머릿속에 남아서 쉽게 사라지지 않는다.
- 특히 부정적인 첫인상을 바꾸는 데는 많은 노력과 시간이 소모되므로 첫인상과 이미지 관리는 매우 중요하다.

❷ 첫인상의 특징

- 신속성: 첫인상이 전달되는 시간은 아주 짧은 순간에 빠르게 각인된다.
- 일회성: 첫인상은 처음 한번만 전달되며, 전달되어 머릿속에 각인된 정보는 기억에 남으며, 변화되지 않는다.
- 일방성: 상대방의 숨겨진 내면이나 성향을 확인하지 않고, 일방적으로 보이는 모습만으로 인식되어, 보는 사람의 판단과 가치관에 따라서 보이는 모습만으로 일방적으로 형성된다.
- 불확실성: 개인의 연상을 통해 일방적으로 형성되므로 정확하지 않고 불확실하다. 실제 인물과는 다른 사람으로 떠올리거나 평소 머릿속에 인지하고 있던 정보와 혼동하여 입력될 수 있다.

(3) 이미지의 심리효과

이미지와 첫인상의 형성에 영향을 미치는 여러 가지 심리효과가 있다.

❶ 초두효과

- 처음에 제시된 초기 정보가 나중에 제공된 정보보다 인상 형성에 더 큰 비중을 차지한다.
- 이미 만들어진 부정적 인상을 긍정적 인상으로 만드는 데 적어도 7시간에서 40시간을 투자하고 노력해야 회복할 수 있다는 실험결과가 나왔다.

❷ 부정성 효과

- 부정적인 특징이 긍정적인 특징보다 인상 형성에 더 강력하게 작용하는 것을 말한다.
- 사람들은 타인의 인상을 평가할 때 대부분 긍정적으로 평가하지만 어떤 부정적인 정보가 나타나면 다른 긍정적인 정보보다 부정적인 것에 더 큰 비중을 두고 인상을 평가한다는 것이다.

❸ 악마효과

- 보이는 외모로 모든 것을 평가하여 상대를 알기도 전에 부정적인 것을 보는 순간 부정적으로 판단해 버리는 것을 말한다. 일종의 편견을 말한다.

❹ 최신효과

- 초두효과와 반대되는 개념으로 타인에 대한 정보 중 나중에 들어온 정보가 먼저 들어온 정보보다 인상 형성에 더 중요하게 영향을 미치는 효과이다.

❺ 후광효과

- 어떤 사람이 가지고 있는 장점이나 매력이 다른 특성들도 좋게 평가되는 효과로서 첫 만남에서 호감을 느낀 대상은 그 사람이 매력적이고 지적이고 관대하다는 등의 평가를 받게 된다.
- 어떤 대상이나 사람에 대한 일반적인 견해가 그 대상이나 사람의 구체적인 특성을 평가하는 데 영향을 미치는 현상을 말하며 광배효과(光背效果)라고도 한다.

❻ 맥락효과

- 지혜로운 사람이 머리가 좋으면 현명하게 생각되고, 이기적인 사람이 머리가 좋으면 교활할 것으로 해석되는데, 처음 인지된 이미지가 이후 형성되는 이미지의 판단 기준이 되고, 전반적인 맥락을 제공한다는 것이다.

초두효과 실험

애쉬라는 심리학자는 사람에게 처음에 들어온 초기 정보와 나중에 제시되는 정보의 비중에 대해 A, B 그룹으로 나누어 다음과 같은 실험했다.

실험조건

- 한 인물에 대해 A와 B 그룹의 사람들에게 여섯 가지의 성격적 특성을 설명했다.
- 단, 여섯 가지 성격적 특성을 제시하는 순서를 다르게 설명한 것을 제외하고 내용은 동일하게 제시하였다.

A그룹 ▶ 똑똑하다 ▶ 근면하다 ▶ 즉흥적이다 ▶ 비판적이다 ▶ 고집이 세다 ▶ 시기심이 많다

B그룹 ▶ 시기심이 많다 ▶ 고집이 세다 ▶ 비판적이다 ▶ 즉흥적이다 ▶ 근면하다 ▶ 똑똑하다

실험결과

인물에 대한 소개가 끝난 후 방금 전 소개한 사람에 대한 인상을 말하게 하였다.

- A그룹의 설명: 성공적이고 사회적으로 안정되고 성실한 이미지의 사람으로 평가
- B그룹의 설명: 성격이 부정적이며 시기심이 많아 보이는 이미지로 평가

실험결론

- A그룹의 사람들은 B그룹의 사람들보다 설명한 인물에 대해 성공적이고 사회적으로 안정된 사람으로 평가했는데 이것은 처음에 접하고 제시된 정보가 그 사람의 전체적인 이미지를 좌우한다는 것을 확인하는 실험이었다.
- 첫인상은 잘 바뀌지 않고 큰 영향을 주며, 사람들의 머릿속에는 일관성을 유지하려는 심리가 내재해 있다는 것을 의미한다.

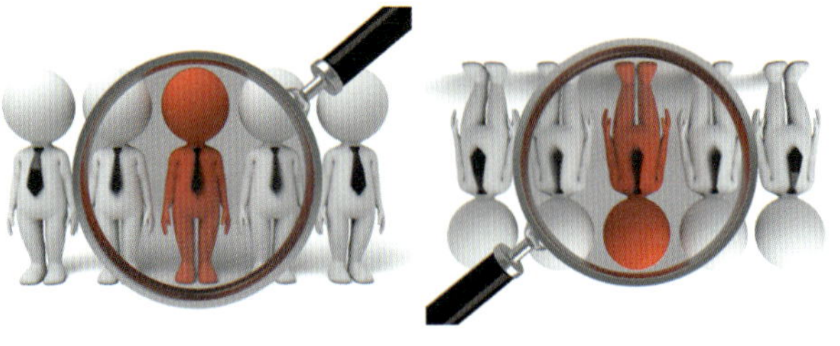

2) 이미지 메이킹

(1) 이미지 메이킹 개념

- 현대사회는 자신의 이미지를 T(Time), P(Place), O(Occasion), 즉 시간과 장소와 상황에 맞게 연출하는 것이 인간관계에서 중요하다. 자신이 속한 사회적 지위에 맞게 내적 이미지와 외적 이미지를 최상의 모습으로 만들어 가는 것을 의미한다.
- 이미지 메이킹은 개인이 추구하는 목표를 이루기 위해 자기 이미지를 통합적으로 관리하는 행위이자, 외적인 이미지를 강화하여 긍정적 내적 이미지를 끌어내며, 자신의 본질과 장점을 효과적으로 표현하는 일이다.
- 자신의 단점을 보완하여 긍정적으로 보일 수 있도록 노력하며, 필요하다면 연습과 노력으로 호감과 차별화된 이미지로 발전하고 개선이 필요하다.

(2) 이미지 메이킹 주요 요소(A.B.C)

- 이미지는 내적 이미지와 외적 이미지로 나뉜다.
- 내적 이미지는 종합적인 이미지를 만드는 데 본질적인 요소로 작용하는 감정, 생각, 습관, 심성, 욕구 등이며, 이것은 표정, 용모, 복장, 행동, 자세, 태도 등으로 보여지는 외적 이미지가 있다.
- 이미지는 개인뿐만 아니라 상황에 따라 가족, 회사, 국가의 이미지로 대표될 수 있기 때문에 중요하다.

❶ Appearance

- 내부에 잠재되어 있는 생각, 감정, 욕구, 습관들이 외양으로 표출될 수 있다.
- 표정은 인간관계에서 내면의 어떠한 의미가 얼굴로 표출되는 것으로서, 감정을 드러내어 반영하므로 이미지 메이킹에 매우 중요한 요소이다.
- 의도적으로 밝고 건강한 표정을 지으면 실제 그 사람의 감정도 바뀐다는 연구

결과 연구결과가 있듯이 의도적으로 밝은 표정을 짓는 노력이 필요하다.

- 용모, 옷차림, 좋아하는 색채, 헤어스타일 등은 성격과 취향을 표현할 수 있고 시간, 상황, 장소에 따른 연출이 가능하다.

❷ Behavior

- 행동은 행동 행(行), 움직일 동(動)으로 한자를 그대로 풀이하면 몸을 움직여 행동하는 것을 의미한다.
- 몸을 움직여 어떤 일, 행위를 하는 것을 '행동'이라고 하며 단순하게 움직인다는 동작과는 다르다.
- 행동의 저변에는 그 사람의 태도가 외부로 표출되기 때문에, 평상시에 그 사람이 추구하는 바와 습관이 나타날 수 있다.

❸ Communication

- 말과 말씨는 생각과 습관에 의해서 작용하고 심성과 욕구가 영향을 주며, 표정과 자세가 수반되고, 감정과 태도가 잠재되어 외부로 표출된다.
- 그 사람의 생각과 태도는 습관을 만들고 습관은 사고를 만들어 말로 표현된다.

(3) 이미지 메이킹 과정

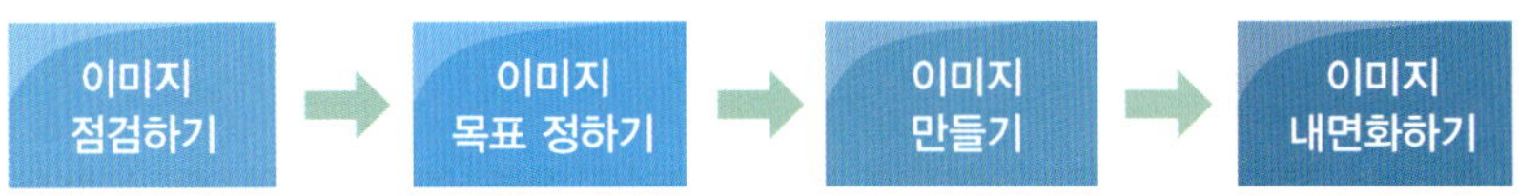

❶ 이미지 점검하기

- 자기 자신의 이미지를 객관적으로 파악하는 단계이다.
- 본인이 생각하는 이미지와 다른 사람들이 보는 이미지를 분석함으로써 객관화하여 장점과 단점을 파악한다.

❷ 이미지 목표 정하기

- 현재 자신의 이미지와 원하는 이미지 사이에 차이가 있을 수 있다. 장점은 부각하고 단점은 줄여 구체적인 이미지 목표를 설정한다.

❸ 이미지 만들기

- 좋은 이미지 콘셉트와 목표를 설정했다면 자신의 내면적 가치를 돋보이고 살리기 위한 외형적 이미지로 연결하고 만들기 위한 연습과 실천이 필요하다.
- 자신감을 갖고 자신의 능력을 발휘할 수 있는 기회를 스스로 만들어가며, 자신의 이미지를 당당하게 보여주는 태도와 자세가 필요하다.

❹ 이미지 내면화하기

- 자신의 진실한 이미지를 전달하고 진실하게 소통할 수 있는 마음으로 몸가짐을 지녀야 한다.
- 진실하지 못한 이미지 메이킹은 거짓, 위선이기에 자신의 이미지에 자신감을 갖고 더욱 나은 자신을 계발하기 위해 끊임없이 노력해야 한다.

나의 외적 이미지와 내적 이미지 진단

A: 나의 외적 이미지 지수

번호	내용	체크
1	대체적으로 나의 외모에 만족한다.	
2	거울이 있으면 나는 습관적으로 몸 전체의 표정을 쭉 훑어본다.	
3	나보다 매력적인 사람을 만나면 외적 이미지를 자세히 관찰한다.	
4	평소에 잘 웃는 편이다.	
5	사람을 처음 만날 때 웃으면서 인사하고 악수할 수 있다.	
6	직장 상사로부터 꾸중을 받으면 겸연쩍은 미소를 띤다.	
7	사람들 앞에 나서는 것이 전혀 두렵지 않다.	
8	얼굴(화장, 면도 등) 등 스타일을 잘 가꾸는 편이다.	
9	피부에 트러블이 생기면 바로 피부과에서 진료를 받는다.	
10	체중이 불면 바로 식사량이나 운동으로 조절한다.	
11	피부색에 어울리는 본인의 컬러를 알고 있으며, 체형의 장/단점에 맞는 패션 감각이 있다.	
12	눈에 띄는 패션 스타일과 컬러를 좋아하며, 상황에 맞는 옷을 입을 줄 안다.	
13	상사를 만날 때 검은 색 옷(양복, 정장)을 입지 않는다.	
14	여러 종류의 스카프(넥타이), 액세서리를 가지고 있다.	
15	귀걸이, 목걸이, 반지, 팔찌, 시계 등의 액세서리를 한꺼번에 착용하지 않는다.	
16	깔끔하고 단정한 패션 스타일을 좋아하며 상황에 맞는 옷을 입을 줄 안다.	
17	자세는 구부정하지 않고 반듯하며 걸음걸이가 당당하다.	
18	몸짓과 제스처는 우아하고 품위가 있다.	
19	인사성이 좋고 친절하다.	
20	상대방을 배려하는 습관이 배어 있고, 공중도덕을 잘 지킨다.	
21	목소리가 상대에게 거부감을 주지 않는지 늘 의식하고 말한다.	
22	교양 있는 말투와 단어, 겸양어를 자주 사용한다.	
23	상대방의 말을 잘 듣는 편이다.	
24	대화를 할 때 상대방의 눈을 바라본다.	
25	음식을 깨끗하게 먹고, 먹을 때 입을 다물고 먹는다.	

나의 외적 이미지와 내적 이미지 진단

B. 나의 내적 이미지 지수

번호	내용	체크
1	현재 본인의 이미지에 만족하는 편이다.	
2	나는 뚜렷한 희망과 목표가 있다.	
3	나쁜 습관보다 좋은 습관이 많다.	
4	상대방이 나를 어떻게 생각할까 늘 의식한다.	
5	매사에 긍정적이고 적극적으로 행동한다.	
6	나는 감정적이기보다는 이성적으로 행동하고 생각한다.	
7	서점에 가면 꼭 자기개발서나 성공스토리 책을 찾는다.	
8	잔잔한 음악을 들으면서 독서하는 것을 즐긴다.	
9	각종 문화 행사에 대한 관심이 많다.	
10	분노를 느낄 때 심호흡을 하면서 흥분을 가라앉힌다.	
11	눈치(이해력과 상황 판단력)가 빠른 편이다.	
12	무력감과 우울증에 빠져 있는 시간이 거의 없다.	
13	혼자 있는 시간에 성공한 미래의 내 모습을 자주 그린다.	
14	매일 짧게라도 명상을 한다.	
15	사람들을 만나는 것이 즐겁고 대인관계가 원만하다.	
16	다른 사람에게 말한 계획은 반드시 지키려고 노력한다.	
17	항상 메모하는 습관을 가지고 있다.	
18	스트레스가 쌓이면 영화, 운동, 음악으로 풀어야 한다.	
19	컴퓨터 앞에 있는 시간이 즐겁다.	
20	생각하고 고민하는 것보다 먼저 행동한다.	
21	시간 약속을 잘 지키는 편이다.	
22	친구와 쓸데없는 수다를 떨고 나면 시간이 아깝다고 생각된다.	
23	하루의 수면 시간은 다섯 시간 내외이다.	
24	무료하게 보내는 시간이 거의 없다.	
25	나에게는 닮고 싶어하는 롤 모델이 있다.	

나의 외적 이미지와 내적 이미지 진단 결과

① 나의 이미지 진단 점수는 어디에 있습니까?

A점수	B점수	위치	결과 내용
12~25	12~25	I	내적 이미지와 외적 이미지 모두 관심이 매우 많은 사람이다. 삶에 대한 의욕도 매우 강하며, 자신의 개성과 특성을 지속적으로 개발한다면 원하는 바를 이룰 수 있는 가능성이 매우 높다.
12미만	12~25	II	내적 이미지 가치가 중요한 사람이다. 때때로 외적 이미지를 추구하는 사람에게 우월감이나 자신감을 느끼기도 한다. 그러나 그런 생각과 마음을 바꿔 볼 필요도 있다. 이런 생각을 바꾸면 다른 모든 것들을 받을 수 있는 잠재력이 상당히 많다. 외적 이미지에도 조금 신경을 쓴다면 외적 이미지도 바꿀 수 있는 가능성이 많다. 외적 이미지도 중요한 부분이라는 점을 조금 더 인식해 볼 필요가 있다.
12미만	12미만	III	내적 이미지와 외적 이미지 모두 관심이 적다. 가끔 소극적인 모습을 보이기도 한다. 행동을 먼저 시도하면서 외적 이미지 개선도 시도해 보는 것을 권한다.
12~25	12미만	IV	외적 이미지에 관심이 많지만 만족할 만큼의 외적 이미지 강점을 찾지 못 했을 수 있다. 전략적으로 외적 이미지를 개선하고 발전시키면서 내적 이미지 강화도 함께 해 보자.

② 위 결과 내용을 보고 좀 더 나은 이미지 전략을 세워 봅시다.

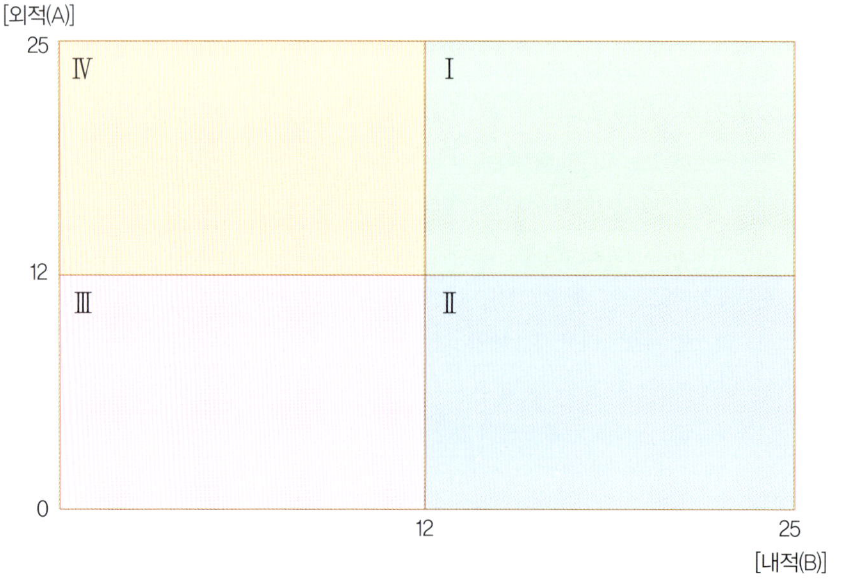

2. 용모와 복장

1) 용모복장

시대가 변하고 개성 있는 용모와 복장이 중요한 시대라 할지라도 용모와 복장은 상대방에게 신뢰감을 줄 수 있는 가장 기본이 되는 이미지 요소이다.

- 나의 첫인상과 이미지, 내가 속해 있는 회사를 대표할 수 있기에 신뢰 형성에 중요하다.
- 용모와 복장으로 자신의 개성과 인격을 표현할 수 있다.
- 스스로에 대한 예의뿐만 아니라 상대방에 대한 존경과 예의를 표현하는 수단이 되기도 한다.
- 단정한 용모와 복장은 자신감과 긍정적 마인드 형성에 도움이 된다.

(1) 여성의 용모와 복장

❶ 머리

- 청결하게, 일하기 편리하게 손질한다.
- 앞머리가 눈을 가리지 않게 손질한다.

❷ 화장

- 번지거나 흐트러지지 않게 청결함을 유지한다.

❸ 입

- 냄새가 나지 않고, 치아는 청결하게 신경 쓴다.

❹ 복장

- 구겨짐, 실밥, 찢어짐, 비듬, 머리카락 등이 붙어 있지 않고 단정하게 한다.

❺ 손

- 손톱은 항상 청결하게 유지한다.

❻ 스타킹, 양말

- 스타킹은 적당한 색상과 올이 풀리지 않게 신경 쓰고 예비용을 가지고 다닌다.
- 양말은 단정하고 청결하게 한다.

❼ 구두

- 깨끗하게 유지하고 뒷굽이 벗겨지거나 닳은 부분이 없도록 신경 쓴다.

❽ 액세서리

- 일에 방해되지 않도록 한다.

(2) 남성의 용모와 복장

❶ 머리

• 청결하게, 일하기 편리하게(앞머리가 눈을 가리지 않게) 손질한다.

❷ 얼굴

• 수염과 콧털을 신경 쓰고 청결함을 유지한다.

❸ 입

• 냄새가 나지 않고, 치아는 청결하게 신경 쓴다.

❹ 복장

• 구겨짐, 실밥, 찢어짐, 비듬, 머리카락 등이 붙어 있지 않게 한다.

❺ 셔츠

• 소매와 칼라 부분을 청결하게 유지하고 깨끗하게 한다.

❻ 넥타이

• 얼룩, 구김을 신경 쓰고 비뚤어지지 않게 한다.

❼ 손

• 손톱은 항상 청결하게 유지한다.

❽ 양말

• 단정하고 청결하게 한다.

❾ 구두

• 깨끗하게 유지하고 뒷굽이 벗겨지거나 닳은 부분이 없도록 신경 쓴다.

2) Make-Up

(1) 메이크업 순서

클렌징 ▶ 스킨토너 ▶ 아이크림 ▶ 에센스 ▶ 로션 및 크림 ▶ 자외선차단제 ▶ 프라이머 ▶ 메이크업베이스 ▶ 컨실러 ▶ 파운데이션 ▶ 파우더 ▶ 눈썹 ▶ 아이섀도우 ▶ 아이라인 및 마스카라 ▶ 블러셔 ▶ 입술

(2) 피부화장

❶ 클렌징

- 촉촉한 피부를 위해서는 꼼꼼한 클렌징이 중요하다.
- 메이크업, 피지, 먼지 등을 완벽하게 피부에서 제거하는 것으로 혈액순환, 피부 컨디셔닝, 트리트먼트 등 준비단계의 기능을 갖는다.

- 피부 결에 따라 안쪽에서 바깥쪽으로 마사지하듯 문질러 모공 속의 화장품 잔여물을 신속하게 빼준다.
- 너무 오랜 시간의 클렌징은 오히려 더러운 물질을 모공 속으로 침투시켜 피부 트러블을 유발할 수 있다. (2분 이내를 넘기지 않는 것이 좋다.)

올바른 세안 방법

1단계: 35℃ 정도의 미지근한 물로 모공을 열어준다.
2단계: 세제의 거품을 손에서 충분히 만들어 얼굴과 마찰을 줄일 수 있도록 한다.
3단계: 얼굴 중앙에서 바깥쪽으로 피부 결을 따라, 아래에서 위로 쓸어 올리듯이 거품으로 문지른다.
4단계: 흐르는 물로 20번 이상 헹구어 준다.
5단계: 얼굴을 문지르지 말고 톡톡 두드리듯이 수건으로 닦아낸다.

❷ 아이크림(eye cream)

- 눈 부위는 얼굴에서 가장 얇고 섬세한 조직으로 노화가 빨리 오는 곳이다.
- 눈 아래, 위, 좌우에 소량의 아이크림을 약지를 이용하여 자극을 주지 않는 범위에서 가볍게 두드리듯이 발라준다.

❸ 에센스(essence)

- 수분과 영양을 공급하는 아이템이다.

❹ 로션(lotion) 및 영양크림

- 수분 보호막을 형성하여 피부를 촉촉하고 부드럽게 만들어주는 역할이다.
- 피부타입에 따라 로션 또는 유분이 많은 크림을 생략하기도 한다.

❺ 자외선차단제(sun cream)

- 피부 노화방지에 필수제품으로, 3세 이후 사용을 권장한다.
- 자외선 차단제는 화장이 아니라고 생각하여 세안을 소홀히 하는 경우가 있으나 사용 후에는 세안을 꼼꼼히 하도록 한다.

❻ 프라이머(primer)

- 피부에 막을 형성하여 밑바탕을 만들어주는 제품으로, 모공과 요철을 평평하게 메꿔주는 효과가 있다.
- 모공의 막힘으로 인하여 여드름, 모낭염, 피부염 등을 일으킬 염려가 있으므로 클렌징 오일과 각질제거제로 일주일에 1~2번 정도 관리한다.

❼ 메이크업베이스(make up base)

- 메이크업베이스는 리퀴드타입, 젤타입, 크림타입이 있으며, 본인의 피부타입에 따라 선택한다.

그린톤 메이크업 베이스	여드름 자국 등으로 붉은 기가 있는 피부에 적합하다.
핑크톤 메이크업 베이스	혈색이 창백한 사람에게 적합하다.
퍼플톤 메이크업 베이스	피부가 노란 기나, 황색을 띠는 경우 적합하다.

❽ 컨실러

- 여드름, 잡티, 다크서클 등의 피부결점을 커버하는 데 사용하는 것으로 피부 밀착력은 좋으나 자칫 두껍게 표현될 수 있으므로 소량을 사용한다.
- 본인의 피부 톤보다 한 단계 밝은 톤을 이용하여 어두워 보이지 않게 한다.

❾ 파운데이션(foundation)

- 기미, 잡티, 반점 등의 피부 결점을 커버하여 자연스럽고 화사한 피부를 연출하는 데 효과적인 제품이다.
- 자외선 차단이나 외부 자극으로부터 피부를 보호해 주며 얼굴의 윤곽을 수정해 준다.
- 색조 메이크업과 자연스럽게 조화를 이뤄 메이크업을 돋보이게 하는 기능이다. 스펀지와 퍼프를 이용하여 얼굴의 넓은 면에서 좁은 부위로, 중앙에서 바깥쪽으로 펴 바른다.
- 한꺼번에 많이 바르는 것보다는 소량을 여러 번 덧발라야 자연스러운 피부로 연출할 수 있다.

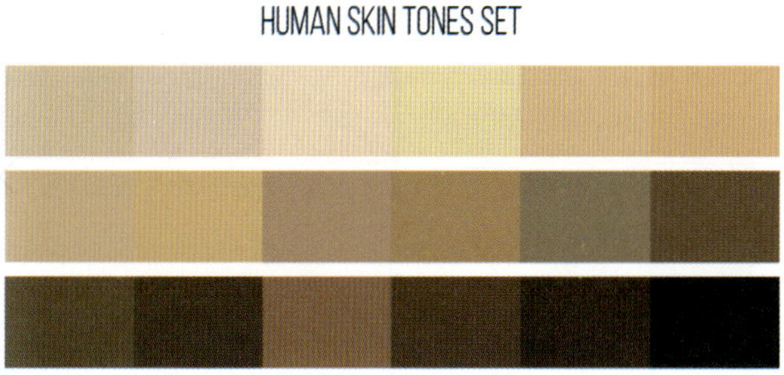

⑩ 파우더(powder)

- 파운데이션으로 피부에 남아 있는 유분기를 잡아주어 보송한 피부를 유지시킨다.
- 두드리거나 문지르지 말고 피부에 밀착시키듯이 누르면서 피부의 뭉침을 예방한다.

⑪ 눈썹(eyebrow)

- 눈썹의 모양에 따라 인상, 얼굴의 크기, 형태, 이목구비까지 다르게 보이게 할 수 있다.
- 눈썹 산이 너무 높으면 부드러운 느낌이 부족해지고, 너무 얇은 눈썹은 고루한 인상을 줄 수 있다. 눈썹의 컬러는 헤어와 비슷한 색상으로 하는 것이 자연스럽다.

눈썹 그리는 요령

- 눈썹 머리(A)는 콧망울과 눈머리가 일직선이 되는 부분에서 눈썹 머리를 시작하며, 눈썹 앞머리는 연하게 시작하여 자연스럽게 하며, 꼬리와 비교하여 두껍게 표현한다.
- 눈썹 산(B)은 눈썹 전체 길이의 대략 2/3지점에서 콧망울과 눈꼬리를 사선으로 연결하는 위치가 바람직하다.
- 눈썹 꼬리(C)는 콧망울과 눈꼬리 부분을 사선으로 연결하는 끝지점을 찾아낸다.
- 눈썹을 다 그린 후에는 비뚤어지거나 자연스럽지 못한 부분은 면봉을 이용하여 지우고, 수정하고 정돈한다.

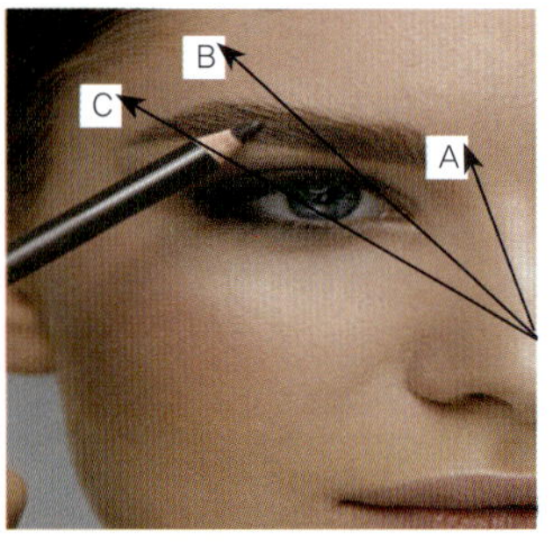

얼굴형을 보완하는 눈썹 모양

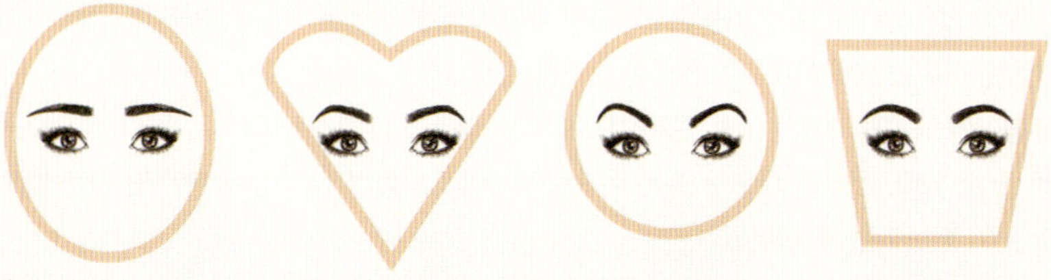

- 긴 얼굴형: 일자형태의 눈썹으로 긴 얼굴을 짧게 보이게 그린다.
- 역삼각 얼굴형: 둥글고 부드러운 아치형의 눈썹형태로 부드럽게 연출할 수 있다.
- 둥근 얼굴형: 동그란 얼굴을 보완할 수 있는 눈썹 산이 각진 형태로 그린다.
- 사각형 얼굴형: 눈썹을 길고 완만하게 눈썹산의 각을 살려 부드러운 인상을 줄 수 있다.

⑫ 아이섀도우

- 눈 두덩이에 전체적으로 베이스컬러를 바른다.
- 포인트 컬러로 상꺼풀 부위와 언더 섀도우 부분에 포인트 컬러로 깊이감을 준다.
- 눈썹 아래 돌출된 부위나 눈두덩이 중앙과 가장자리에 하이라이트 컬러로 환한 이미지를 준다.
- 눈모양에 따라 아래 그림처럼 ① 하이라이트 ② 베이스 ③ 포인트컬러를 이용하여 다양하게 연출할 수 있다.

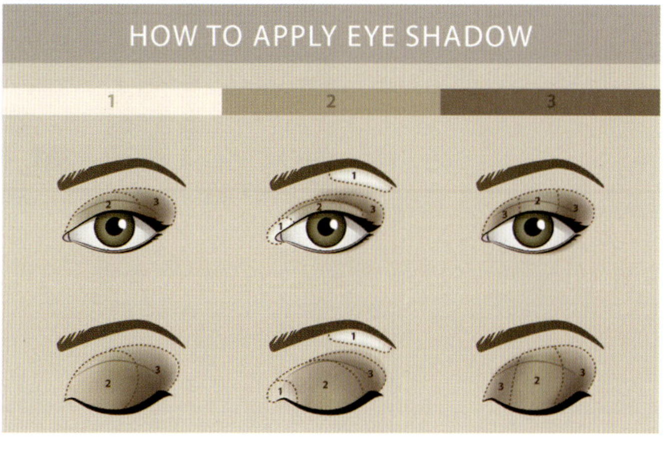

눈 모양에 따른 아이섀도우

- 쌍거풀이 없는 눈: 눈 중간부터 눈꼬리까지 조금 어두운 컬러를 이용하여 깊이 있는 눈매 연출을 한 뒤, 아이라인을 이용하여 선명한 눈매를 표현한다.
- 눈두덩이가 도톰하고 작은 눈: 전체적으로 밝은 컬러의 베이스가 어두운 컬러보다 시원한 느낌을 줄 수 있다. 눈꼬리 쪽으로 짙은 색으로 아이섀도우를 발라서 길게 빼주면 긴 눈매로 연출되어 눈이 커보이는 효과가 있다.
- 눈꼬리가 올라가거나 쳐진 눈: 눈꼬리가 올라가 날카롭게 보이거나, 눈꼬리가 쳐져서 너무 유하게 보일 수 있다. 눈꼬리가 올라간 경우는 눈앞머리 부분을 짙은 컬러를 이용하여 강조하고 눈꼬리 부분을 옅은 색으로 표현해 주어 밸런스를 맞춘다. 포인트 컬러를 이용하여 언더라인 부분도 부드럽게 연결시켜주며 안정감 있게 표현하며, 눈꼬리가 쳐진 경우는 반대로 표현한다.

⑬ 아이라인 및 마스카라

- 아이라인은 눈을 선명하고 또렷하게 표현해 주고 눈의 크기를 커보이게 하는 효과가 있는 만큼 표현도 어렵다.
- 눈을 크게 강조하고 싶을 때는 눈의 위와 아래 점막을 자연스럽게 메꿔 주어 보다 크고 짙은 눈의 표현을 할 수 있다.
- 눈꼬리가 올라간 사람은 꼬리부분의 아이라인을 좀 낮게 내려 주어 인상을 부드럽게, 눈꼬리가 쳐진 사람은 꼬리부분을 살짝 올려주어 활기차게 인상을 보완할 수 있다.
- 마스카라는 속눈썹을 길고 풍성하게 해 주어 눈매를 깊이 있고 뚜렷하게 표현해 주는 효과가 있다.

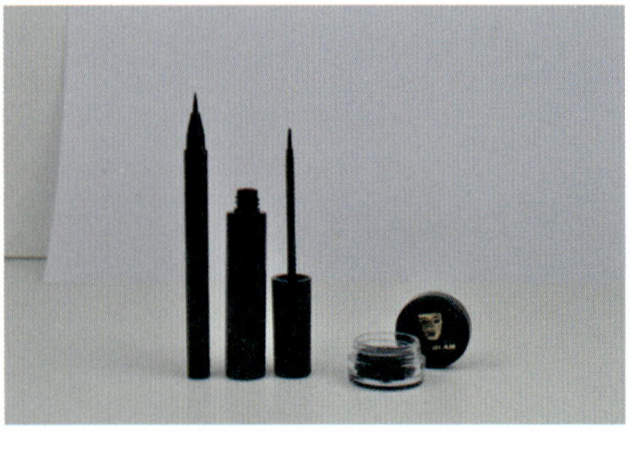

⑭ 블러셔

- 얼굴의 혈색이 좋아 보이도록 색깔 있는 분(粉)을 볼에 두드려 바르는 표현이다.

- 블러셔를 사용할 때 웃고 있는 얼굴의 튀어나온 광대 부위에 광대뼈 위 쪽에서 사선을 그리듯이 펴 바른다.
- 검은 눈동자의 바깥부분과 콧망울 윗부분 이내에서 다른 부분과의 경계선이 없도록 그라데이션한다.

⓯ 입술

- 립스틱 컬러에서 중요한 것은 아이 메이크업 컬러, 옷차림과의 조화이다.
- 지속력 있는 립 메이크업을 위해서는 색조화장 전 단계까지 꼼꼼하게 표현해 주며, 입술 위에 파우더로 먼저 코팅해 준 후 립스틱을 바르면 컬러가 오래 유지된다.

남자들의 쉐이빙

■ 면도(面刀)의 의미는

흔히 사용되는 제모의 한 방법으로 얼굴이나 몸에 난 수염이나 잔털을 깎는 것을 말한다. 보통 남성이 턱과 입주변의 수염을 면도기나 면도날을 이용해 깎는 것을 의미하지만 여성의 경우에도 제모의 일환 사용한다.

단, 면도는 원래 면도칼을 가리키는 말이었고, 면도기가 발명된 뒤에 면도가 제모라는 뜻으로 쓰이게 되었다.

■ 면도 관련 제품으로는

- 프리 쉐이빙(pre shaving) 제품: 면도 전에 사용하는 용품이다. 프리 쉐이빙 제품으로는 흔히 쉐이빙 크림이나 면도 전용 비누, 쉐이빙 오일, 쉐이빙 젤이 있다. 모두들 수염의 연화나 습식 면도 전에 수염에 바르는 것들이다. 클래식 면도라 해서 숫돌과 거치대, 브러쉬를 이용해 면도 거품을 내는 것이 있다.
- 면도기 제품: 면도기의 종류에는 일자면도기, 전기면도기, 안전면도기가 있다. 우리가 흔히 사용하는 안전면도기의 경우는 면도날을 교체해 주어야 하기 때문에 면도날도 별도로 판매되고 있다. 일자형 면도기의 경우에는 칼날을 갈을 때 쓰는 가죽 숫돌도 판매된다.
- 애프터 쉐이빙(after shaving) 제품: 면도를 마친 후 그냥 씻고 끝내는 것이 아니라, 피부 관리에 중요한 제품들도 판매된다. 애프터 쉐이빙 전용 스킨, 로션, 보습제, 밤 등 여러 제품들이 판매되고 있다.

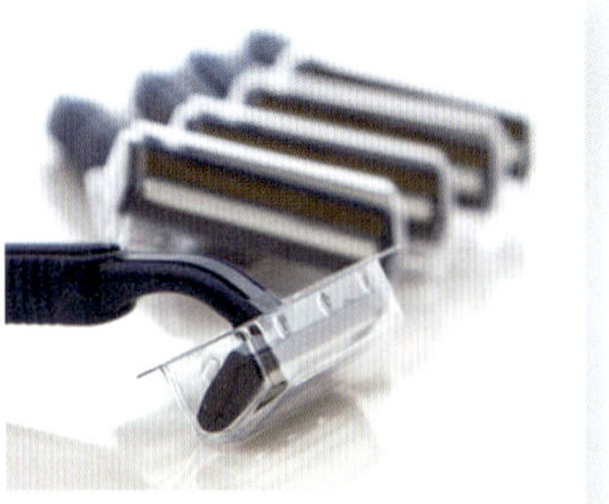

3) Hair-Do

(1) 헤어스타일

- 헤어스타일은 전체적인 이미지 연출에서 사람의 인상에 차지하는 부분이 크다.
- 옷차림과 자신의 취향에 맞게 연출하되, 업무의 특성과 직무를 고려한다.

(2) 모발 관리

- 헤어제품도 헤어건강의 기본을 챙기는 클렌징 제품이 있으며, 두피의 묵은 노폐물과 피지, 각질을 말끔하게 씻어내 건강한 두피를 갖도록 관리해 준다.

(3) 헤어라인

- 이마와 헤어가 연결되는 라인이 매끄럽게 연결되지 못하는 경우 헤어섀딩을 이용하여 헤어라인을 정돈한다.
- 헤어라인의 정돈 후, 얼굴의 바깥쪽에서 안쪽으로 섀딩을 연결해야 자연스럽다.
- 헤어섀딩의 경계가 생기지 않도록 자연스럽게 그라데이션한다.

머리 묶는 방법

피부타입 측정 해 볼까요?

■ 건성피부타입은?

- 세안 후 많이 당기며, 피부가 얇아 잔주름이 쉽게 생기고 노화가 쉽게 나타난다.
- 영양, 보습에 신경을 쓰고 에센스나 오일로 관리하며 장시간 사우나는 지양한다.

■ 중성피부타입은?

- 여름에는 지성피부, 겨울에는 건성으로 느껴지고, 다른 부위보다 T존의 모공이 넓은 편이다.
- 이중세안, 딥 클렌징으로 피부청결에 신경 쓰고 알코올함유 토너사용을 한다.

■ 지성피부타입은?

- 여드름이 잘 생기고, 콧망울 주위가 번들거리며, 모공이 확대되어 메이크업이 잘 받지 않는다.
- 계절에 따른 제품을 유연성 있게 사용한다.

■ 복합성피부타입은?

- 얼굴에 두 가지 이상의 피부타입이 나타난다.
- 유분이 많은 T존은 청결에 주의하고 건조한 U존은 보습을 한다.

■ 민감성비부타입은?

- 온도와 습도의 환경적 변화나 이물질의 자극에 민감하게 반응한다.
- 피부자극이 적은 제품을 사용하며 화장 도구의 청결에 매우 신경 쓴다.

3. 퍼스널 컬러

1) 퍼스널 컬러의 이해

(1) 퍼스널 컬러의 개념

- 타고난 개인의 신체 컬러를 말한다.
- 피부색은 헤모글로빈의 붉은색, 멜라닌의 갈색, 케라틴의 황색이 합쳐져 결정된다.
- 머리카락 색은 흑갈색을 띠는 유멜라닌(eumelanin), 황적색을 띠는 페오멜라닌(pheomelanin)의 분포와 양에 따라 정해진다.
- 눈동자 색은 홍채에 있는 멜라닌 색소의 빛깔과 혈관 분포 정도에 따라 결정된다.
- 이 진단을 기반으로 본인 최상의 외모 연출과 이미지 메이킹이 가능하다.

(2) 퍼스널 컬러의 목적

- 자신의 신체 색과 조화를 이루어 생기가 돌고, 활기차 보이도록 한다.
- 자신의 신체 색과 맞지 않는 경우에는 피부 결이 거칠어 보이고, 투명감이 사라져 피부의 결점만이 드러나기도 한다.
- 자신의 신체 색을 아는 것은 이미지 관리를 위해 효과적인 방법이 될 수 있다.

2) 퍼스널 컬러 진단

(1) 진단 시 유의점

- 미국, 일본, 유럽 등에서는 4계절의 이미지에 비유하여 신체 색을 분류하는 방법을 활용하고 있다.
- 즉, 봄, 여름, 가을, 겨울의 이미지에서 보여지는 색채를 이용하여 개인의 개성 있는 이미지를 연출한다.

- 머리에는 흰색 두건, 상의에는 흰색 케이프를 두르고 오전 10시에서 15시 사이 자연광에서 측정한다.
- 일광욕을 삼가고, 진단 전 15일 동안은 피부 색소에 영향을 줄 수 있는 비타민 A·케라틴이 함유된 식품 섭취에 주의해야 한다.

(2) 퍼스널 컬러 진단

❶ 피부톤으로 결정

파운데이션 테스트 (foundation test)	• 양볼에 각각 핑크, 옐로우 베이스의 크림 파운데이션을 얇게 펴 발라 피부색과 더 잘 섞이는 것을 고른다. • 선택한 것이 핑크 베이스이면 쿨톤(cool tone), 옐로우 베이스이면 웜톤(warm tone)이다.
골드·실버 테스트 (gold·silver test)	• 금·은색의 천 또는 종이를 준비하여 한 손씩 동시에 대본다. 이때 햇빛에의 노출이 적은 손목 안쪽이 더 적합하다. • 피부색과 더 잘 섞이며 피부 색이 고르게 보이도록 하는 것을 고른다. • 선택한 색이 은색이면 쿨톤, 금색이면 웜톤이다.
정맥 테스트	• 가장 간단한 방법으로 손목 안쪽에 보이는 혈관이 파란색과 녹색 중 어느 것에 더 가까운지 결정한다. • 파란색이면 쿨톤, 녹색이면 웜톤이다.

❷ 머리카락과 눈동자 색을 관찰하여 '밝기'를 결정

- 이 과정을 통해 4개의 퍼스널 시즌을 진단할 수 있다.
- 쿨-라이트는 여름, 쿨-다크는 겨울, 웜-라이트는 봄, 웜-다크는 가을로 구분한다.

❸ 계절별 컬러 팔레트에 기반하여 천을 대보며 가장 잘 어울리는 색 결정

봄	고명도·고채도의 노란기 있는 밝은 색이 주를 이루며 화사하다. 카멜색·복숭아색·금색 계열은 잘 어울리나 어둡고 탁한 컬러는 잘 맞지 않는다.
여름	고명도·저채도의 푸른기 있는 밝은 색이 주를 이루며 산뜻하다. 라벤더색·연분홍색·연하늘색은 잘 어울리지만 검정이나 주황색은 잘 맞지 않는다.
가을	저명도·저채도의 노란기 있는 어두운 색이 주를 이루며 차분하다. 카멜색·베이지색·주황색·금색·밤색은 잘 어울리나, 파란색 계열은 잘 맞지 않는다.
겨울	저명도·저채도, 고명도·고채도의 푸른기 있는 색이 주를 이루며 선명하고 강하다. 검정색·흰색·남색·빨간색은 잘 어울리지만 베이지색·주황색·금색은 잘 맞지 않는다.

출처: [네이버 지식백과] 퍼스널 컬러 [Personal color]

봄

여름

가을

겨울

Worksheets

1. 자신의 이미지 메이킹 시간을 가져 봅시다.

① 이미지 분석하기

	내가 생각하는 나의 이미지	남들이 생각하는 나의 이미지
Appearance		
Behavior		
Communication		

Worksheets

② 이미지 목표 정하기

(자신의 이미지의 장점과 단점을 생각하면서 콘셉트와 목표를 정해 보세요.)

③ 이미지 연습하기

(이미지 개선과 목표달성을 위한 실행방안에 대해서 생각하고 정리해 보세요.)

④ 이미지 내면화하기

(자신의 이미지에 자신감을 갖고 더 나은 나를 계발하기 위해 더욱 노력해야 할 점을 다시 한 번 정리해 보세요.)

Chapter

4

서비스 대화

학습목표

- 말하기 스킬과 질문 스킬을 학습하고 활용한다.
- 경청에 대해 이해하고 경청 스킬을 적용한다.
- 음성훈련을 통해 기본자세와 올바른 발음을 연습하고 개선한다.

1. 대화

1) 대화의 이해

- 대화란 단순한 '전달(transmission)' 행위만이 아니라 바로 '공유(sharing)'의 행위이다.
- 단순히 정보전달이 아닌 생각과 정보의 공유이며 상호작용이라는 것을 의미한다.
- 커뮤니케이션의 어원은 라틴어의 '나누다'를 의미하는 'communicare'이다. 신(神)이 자신의 덕(德)을 인간에게 나누어 준다거나 열(熱)이 어떤 물체로부터 다른 물체로 전해지는 따위와 같이, 넓은 의미에서는 분여(分與)·전도(傳導)·전위(轉位) 등을 뜻하는 말이지만, 근래에는 어떤 사실을 타인에게 전하고 알리는 심리적인 전달의 뜻으로 쓰인다.[1)]
- 과거의 상호작용은 개인과 개인이 면(面) 대 면(面)으로 이루어졌었다면, 현재는 1 대 1, 1 대 다수, 모든 곳에서, 대면 또는 비대면으로 이루어지고 있다.
- 과거 인간이 인간에게 하는 커뮤니케이션은 단순히 그 상대방에게 영향을 미치고 피드백되어 자신에게만 영향을 미쳤다면, 오늘날 커뮤니케이션은 개인이 발생시킨 커뮤니케이션이 내포하는 의견과 성향을 축적하고 데이터화하여 분석하고 행동 패턴과 새로 발생된 커뮤니케이션에 영향을 미치는 형태로 발전되고 있다.
- 나의 말 하나, 나의 행동 하나가 인간관계를 결정하고, 커뮤니케이션의 특성을 반영하므로 결과적으로 고객과의 대화는 서비스의 효율성을 극대화하고 있다.

1) [네이버 지식백과] 커뮤니케이션 [communication] (두산백과)

2) 대화의 목적

(1) 정보교환[2)]

- 가장 궁극적인 목적은 정보의 교환이다. 인간의 생각과 감정을 타인이 이해하도록 정보를 공유하는 것에 목적이 있다.

(2) 의식교환

- 나의 생각과 의도를 타인에게 전달하여 이를 교환하는 데 목적이 있다.

(3) 감정공유

- 나의 감정과 타인의 감정을 전달하여 이를 교환하는 데 목적이 있다.

(4) 반응유도(태도변화)

- 나의 생각과 감정을 타인에게 전달하여 타인의 생각과 감정을 변화시키고 동질감과 동의 또는 생각의 변화를 통해 행동과 태도의 변화를 이끌어 내는 것에 목적이 있다.

2) 임성은, 인간관계와 휴먼커뮤니케이션, 양성원, 2018: 53.

커뮤니케이션(communication)

커뮤니케이션은 라틴어인 communis(공유)와 communicare(공통성을 이룩한다 또는 나누어 갖는다)에서 유래된 단어로 공동(common) 또는 공유(sharing)라고 하는 기본적인 의미를 갖는다. 즉, '공통의 것을 갖게 한다(to make common)'는 것이다. 달리 말하자면, 사람들이 서로 의미를 공유함으로써 이해에 도달하고 합의에 도달하고 거기에서 공동체의 규범으로써 문화를 창출하는 것을 가리켜 커뮤니케이션이라고 할 수 있다. 한국언론학회가 커뮤니케이션이라는 단어의 우리말 번역을 국어학자에게 의뢰한 적이 있었는데, 그때 나온 번역어는 '알림알이'였다. 그러나 '알림알이'는 거의 사용되지 않고, '커뮤니케이션'이 외래어로 정착되어 널리 쓰이고 있다.

커뮤니케이션은 과정이지 메시지(message) 그 자체가 아니다. 또 그것은 '공유'를 위해 쌍방적이어야 한다. 그래서 일부 학자들은 communication이라는 단어를 쓸 때 여하한 경우를 막론하고 꼭 's'를 붙여 communications라고 표기함으로써 쌍방성을 강조하기도 한다. 쌍방향 커뮤니케이션에서 '보내는 사람'은 communicator, '받는 사람'은 communicatee라고 한다.

"Sixty percent of all management problems are the result of poor or faulty communication(모든 경영 문제의 60퍼센트는 부실하거나 잘못된 커뮤니케이션의 결과다)." 미국 경영학자 피터 드러커(Peter Drucker, 1909~2005)의 말이다.

출처: [네이버 지식백과] communication (교양영어사전2, 2013. 12. 3., 강준만)

2. 말하기

1) 말하기 스킬

(1) 말하기의 기본

❶ 적절하게 정확하게 명확하게 말하기

- 상대방에게 명확함과 신뢰감을 높이기 위한 방법으로 시간, 장소, 상황(Time, Place, Occasion)에 맞는 적절한 언어를 사용해야 한다.
- 커뮤니케이션에서 언어는 언어 자체가 가지고 있는 상징적이고 추상적 특징 때문에 자의적으로 해석하여 오해의 가능성이 항상 있다.
- 개인적인 성향의 차이와 문화적인 차이는 커뮤니케이션의 장애를 만들고 해석을 다양하게 만든다.
- 주변의 상황의 개입은 수많은 외적 요인들이 의미와 정확한 해석을 방해한다.
- 자신이 사용한 언어의 내용적 의미와 관계적 의미를 생각하면서 말한다.
- 어떤 특정한 언어를 사용할 수 있는 관계인가 생각하여 분명하고 명확하게 말하고 서로 확인함으로써 언어 자체가 야기하는 오해를 줄여나갈 수 있다.

예) 길동이가 이기적으로 행동했다.
→ 6차 회의에서 같이 온 사람을 생각하지 않고 자기 입장에서만

예) 길동이가 예의가 없는 행동을 했다.
→ 동아리 모임 행사에서

❷ 일반화와 정체적 평가가 아닌 상세하게 말하기

- 대화에서 왜곡, 일반화의 오류를 범하기 쉬우므로 적절한 일반화를 사용했는가를 점검해야 한다.

- 어떤 절대적인 것, 개별적인 것에 일반화된 개념을 사용하여 말하면 우리 자신에게 잘못된 인식을 심어줄 수 있다.
- 일반적으로 모든 사람들은 고정되어 있지 않고 끊임없이 변하며, 어떤 때는 자기중심적으로 행동하던 사람도 다른 경우에는 배려심이 많을 수도 있으며 무책임하던 사람이 또 다른 상황에서는 책임감 있게 행동할 수 있기 때문에 정체적 평가를 주의한다.

예) '정치가는 다 거짓말쟁이다', 또는 '손이 큰 사람은 키가 크다'라는 말은 과장된 일반화라고 볼 수 있다. 좀 더 정확하고 적절하게 표현하려면 '정치가들 중에는 정직하지 않은 모습을 보이는 경우도 있다', '손이 큰 사람들 중에는 키가 큰 사람도 있다'라는 표현으로 해야 할 것이다.

예) 사람에 대한 평가에 대해서도 적절한 언어를 사용한다. 'A는 이기적이야', 'B는 무책임해', 'C는 예의가 없어'라는 정체적 평가는 주의해야 한다. 정체적 평가란 대상에 대한 평가에 변화가 없는 것으로 그 대상이 변하지 않는 다는 의미를 담고 있는 것이다. 'A는 어떠하다, B는 어떠하다, C는 어떠하다'라는 표현을 사용할 때 A, B, C는 변하지 않고 고정되어 있기 때문에, 정체적 평가가 사람에게 사용될 때 문제가 될 수 있다.

(2) 말하기의 스킬

❶ 신뢰 화법

상대방에게 정중함과 신뢰감을 줄 수 있는 대화의 말이나 어미를 선택한다. 다까체 70%와 요죠체 30%를 사용하면 바람직한 화법이 될 수 있다.

- 정중한 화법 (다까체) 70%: ~입니다, ~입니까?
- 부드러운 화법 (요죠체) 30%: ~예요?, ~이죠?

❷ 맞장구 화법

상대방의 호감을 살 수 있는 대화의 가장 기초적인 요령은 상대방이 하는 이야기를 관심 있게 귀담아 들어주는 것이다.

- 가벼운 맞장구: 저런, 그렇습니까
- 동의 맞장구: 과연, 정말 그렇겠군요, 예, 그렇습니까?
- 정리 맞장구: 그 말씀은 ~이라는 것이지요?
- 재촉 맞장구: 그래서 어떻게 되었습니까?
- 몸짓 맞장구: 고객 끄덕끄덕, 갸우뚱, 눈 맞춤

❸ 의뢰형 화법(레어드)

사람들은 명령형의 말을 들게 되면 반발심이나 거부감이 들기 쉽다. 대화할 때 의뢰형이나 질문형식으로 바꾸어 말하면 훨씬 부드러운 대화가 될 수 있다.

- ~ 해 주시겠습니까?
- ~ 부탁해도 될까요?

❹ 쿠션 화법

상대방이 원하는 것을 들어주지 못하거나 상대방에게 부탁을 해야 할 경우, 상대방에게 불쾌감을 덜 느끼게 하면서 적극적으로 해결하겠다는 감정과 의사를 전달하는 표현이며, 상대방이 기분이 나빠지는 것을 최소화할 수 있다.

- 실례합니다만, 죄송합니다만, 공교롭게도, 번거로우시겠지만, 괜찮으시다면, 양해해 주신다면, 바쁘시겠지만 등

❺ 긍정화법

부정보다는 긍정적 표현으로 바꾸어 말하고, 같은 내용도 긍정적인 부분을 강조해서 말한다.

- 기다리게 해서 죄송합니다.(X) – 기다려 주셔서 감사합니다.(O)

❻ 개방적 화법

대화를 진행하면서 상대방의 이야기를 많이 듣기 위해 요령 있게 질문하는 화법이다. '네 또는 아니오' 로 대답할 수 있는 폐쇄적인 질문이 아닌, 상대방의 자유로운 대답을 들을 수 있는 개방적인 질문을 사용하는 것이 바람직하다.

- 점심 드셨습니까?(X) – 점심 어떠셨습니까?(O)

아론손화법

긍정적 내용과 부정적 내용을 함께 말해야 하는 경우는 부정적인 것을 먼저 이야기하고 나중에 긍정적인 내용을 이야기하는 것이 효과적인데 이것을 '아론손화법'이라고 한다. 예를 들어 "이 제품은 비싸지만, 품질은 아주 뛰어납니다."

❼ 나 메시지(I–message)

인간관계에 있어서 서로 갈등이나 어려운 일이 있을 때 그것을 표현하는 방법이다. 자기의 생각과 감정을 담아, 자신의 느낌을 책임지는 표현으로 나 메시지(I–message) 표현과, 상대방에게 책임을 지우는 느낌의 너 메시지(You–message) 표현이 있다.

나 메시지(I–message)와 너 메시지(You–message)

	나 메시지(I–message)	너 메시지(You–message)
상황	• 나는 네가 약속시간에 늦으니 혹시 습관이 될까 봐(무슨 일이 있었나) 걱정이 돼. 조금 일찍 왔으면 좋겠어.	• 너는 약속시간에 매일 늦니?
의미	• '나'를 중심으로 말하면서 상대방에 대한 자신의 생각과 감정과 바람을 솔직하게 이야기하는 방법이다. • 자발적으로 수용하려는 의도를 갖게 할 수 있다.	• '너'를 중심으로 상대방의 행동을 표현하게 되어 상대방을 공격하거나 강요, 비난, 질책의 느낌을 줄 수 있다. • 상대방은 반감, 공격성, 변명의 말을 하게 된다.

나 메시지(I-message)의 장점

- 솔직해 보인다!
  나의 입장의 감정과 감정을 솔직하게 전달하는 기능이 있다. 사람들은 솔직한 이야기를 들으면 함께 솔직해지고 더욱 진지하게 대화를 할 수 있다.
- 내 감정과 요구사항을 기분 나쁘지 않게 잘 전달할 수 있다.
  단정적으로 말하는 You-message와 달리 전후 사정과 그것에 대한 나의 입장까지 알려주기 때문에 완전한 메시지를 전할 수 있다.
- 편안한 대화가 가능하다.
  상대방을 직접 판단, 평가, 공격하는 것이 아니기 때문에 방어심리를 덜 유발한다.
  상대방은 너 언어의 경우보다 나 언어를 통해 훨씬 편안하게 대화할 수 있다.

2) 질문 스킬

(1) 질문방법

- 질문은 상호 간의 커뮤니케이션에 있어서 경청 이후에 상대방과의 대화를 깊이 있게 만들기 위한 적극적인 행동이다.
- 질문은 상대방에게 '네 또는 아니오' 로 대답하게 하는 폐쇄형(또는 선택형이라고 함)의 질문과, 상대방에게 자유롭게 의견, 정보를 말할 수 있도록 하는 개방형의 질문이 있다.

❶ 개방형 질문

- 자유롭게 자기 의견을 표현하여 마음의 여유를 갖게 한다.
- 적극적으로 이야기하게 하여 상대방의 욕구와 니즈를 파악할 수 있다.
- 생각의 범위를 넓혀 상대방의 생각, 감정, 태도에 대해 알 수 있다.
- 시간이 오래 걸리고 소극적인 사람은 말하기 어려운 상황에서 심리적으로 압박이 생길 수 있다.

예) 학교생활에 어떤 어려움이 있나요?
저희 제품을 이용해 보니 어떠셨습니까?

❷ 폐쇄형 질문

- 상대방에게 선택의 폭을 좁혀 하나를 선택하게 하여 욕구를 파악한다.
- 주제를 정리하면서 질문하여 대화를 간결하게 끝낼 수 있다.
- 상대방이 대답할 수 있는 방법이 제한되기 때문에 상대방에 대한 이해의 폭이 좁아지고 질문자의 의도로 흐를 수 있다.

예) 목적지까지 기차와 승용차 중 어떤 것을 이용하시겠습니까?
고기와 채소 어떤 것을 선택하시겠습니까?
학습하는 것이 어렵습니까?

(2) 질문 스킬

- 질문은 말하는 사람이 스스로 자신의 문제를 인식하고 정리하는 기회를 제공할 뿐만 아니라 자기가 말한 내용에 대해 책임의식을 느끼도록 하는 효과를 가져다준다.

- 질문을 할 때는 집중해서 듣는 자세를 하고, 상황에 맞는 적절한 질문을 한다.
- 질문의 유형과 내용에 따라서 상대방의 대답이 달라질 수 있다는 것을 인지한다.
- 질문을 하기 전에 질문의 유형과 내용에 대해서 생각하고 준비한다.
- 대화 내용에 대한 상호 이해의 여부를 확인하도록 하며, 지적 자극을 통해 새로운 가능성을 발견하기도 한다.
- 답을 유도하면서 방법을 모색하고 스스로 설득되는 계기가 된다.

❶ 과거지향적 질문은 미래지향적 질문으로 한다.

- 과거형의 질문은 변명과 핑계를 유도한다.
- 문제의 원인을 타인에게 전가하기도 하며, 감정적 반응을 하는 경향이 있다.
- 미래형의 질문은 무엇이든 해결책을 유도하게 되고, 그것을 위해 자기 자신이 무엇을 해야 할지에 대해서 이야기하게 된다.

예) 어떤 것이 문제였나요? → 어떻게 하면 해결할 수 있을까요?

❷ 부정형 질문보다는 긍정형 질문으로 한다.

- 과거형의 질문과 마찬가지로 문제의 원인을 타인에게 전가해서 대답한다.
- 과거형의 질문은 해결책의 제시보다는 먼저 '안 된다'라는 부정적인 답변을 유도하는 경향이 있다.
- 긍정형의 질문은 무언가 해결책을 제시하려 하고 자신이 무엇을 해야 할지에 대해 답하게 된다.
- 긍정형의 질문은 상대의 장점에 대해서도 생각하고 상호 협력할 수 있는 긍정적 방안을 찾으려 한다.

예) 정확하지 않은 것이 어떤 점이지요? → 정확한 것은 어떤 점인가요?

❸ 폐쇄형 질문보다는 개방형 질문으로 한다.

'왜'라는 질문의 형식보다는 '어떻게'나 '무엇을'을 질문하는 것이 바람직하다.

왜	→ 어떻게, 무엇을
왜 늦었니?	→ 어떻게 하려고 했니?
왜 그렇게 했지?	→ 어떻게 하면 제 시간을 도착할까?
왜 그걸 하니?	→ 무엇을 하려고 하니?
왜 제때 끝내질 못한 거니?	→ 어떤 장애물이 있니?
왜 그것을 거절했니?	→ 거절하고 난 뒤 어떻게 하려는 생각이니?

역린이란 말 들어 보셨나요?

서로 상호 간에 대화를 하는 데 있어서도 역린처럼 기분 나쁘게 건드려지는 말이 있다는 의미이다. 나는 상대방에게 역린의 말을 사용하지는 않았는지 돌아보자.

역린(逆鱗)

용(龍)이라는 짐승은 잘 길들이면 올라탈 수도 있지만 그의 목 아래에 있는 직경 한 자쯤 되는 역린, 즉 다른 비늘과는 반대 방향으로 나 있는 비늘을 건드리면 반드시 사람을 죽인다.

〈한비자(韓非子) 세난편(說難篇)〉

2. 경청

1) 경청의 이해

(1) 경청의 의미

- 경청은 단순히 상대방의 말을 듣는다는 것이 아니라 상대방이 전하고자 하는 말의 내용과 감정, 상대방의 동기까지도 이해하려고 한다는 의미이다.

경청의 한자어 청(廳)의 의미

경청(傾聽)에서 한자어 '청(廳)'을 구분하여 해석하면 임금님의 귀(耳)가 되어, 열 개(十)의 눈(目)으로, 하나(一)의 마음(心)으로 듣는 것이 진정한 경청이라고 한다. 그만큼 듣는다는 것은 온 마음과 온 몸으로 듣는다는 것을 의미하는 것이다.

(2) 경청의 장애요인

① 선입견과 편견을 가지고 듣는다.

② 다른 생각을 하면서 듣는다.

③ 메시지보다는 상대방과 상대방의 말에 대해 스스로 평가하면서 듣는다.

④ 컨디션(질병이나 피로, 컨디션의 난조 등)으로 집중이 되지 않는다.

⑤ 듣기보다는 말하는 것에 치중하여 듣지 못한다.

2) 경청의 스킬

(1) 1-2-3 기법

- 자신은 1(한)번만 말하고, 상대방의 말은 2번 들어주고, 3번 맞장구를 친다.

(2) BMW 기법

BODY (자세)	표정, 눈빛, 자세와 움직임을 상대에게 기울이며 집중한다.
MOOD (분위기)	말투, 음정, 음색, 말의 빠르기, 음의 높낮이를 고려한다.
WORD (말의내용)	상대방을 존중하고, 상대방이 원하는 것이 무엇인지 집중한다.

(3) Family 법칙

Friendly	친절하게 경청
Attention	집중하며 경청
Me, too	공감하며 경청
Interest	관심을 가지고 경청
Look	바라보며 경청
You are centered	상대방을 중심으로 경청

3. 음성훈련

- 사람들은 각자 타고난 음성이 다르다.
- 목소리는 성대를 막거나 마찰시켜서 내는 소리이다.

1) 훈련준비

(1) 자세

- 신뢰와 호감 가는 목소리를 연출하기 위해서 바른 자세는 기본이다.
- 머리와 목의 위치는 발성 기관에 직접적인 영향을 주기 때문에 자세를 바르게 유지하는 것이 중요하다.

① 몸의 긴장을 풀어 이완시킨 느낌을 갖는다.

② 가슴을 펴고, 편안한 자세에서 발의 위치는 약간 벌린다.

③ 앉은 자세의 경우에는 등받이에 기대지 않고 등허리를 곧게 편다.

④ 시선은 정면 15~20° 정도의 약간 높은 곳을 응시한다.

(2) 호흡

- 호흡은 복식호흡과 흉식호흡이 있으며 좋은 목소리를 위해서는 복식호흡이 필요하다.
- 흉식호흡이란 숨 쉴 때마다 가슴이 부풀어 올랐다가 가라앉는 호흡법으로 보통 1분에 1,620회 정도 숨을 쉰다.
- 복식호흡은 아랫배를 이용해 배의 근육을 움직여서 횡격막을 신축시키면서 하는 호흡방식으로 보통 1분에 510회 정도 숨을 쉰다.
- 복식호흡은 흉식호흡에 비해 가슴공간이 더 넓어지고, 폐는 산소를 가슴에 가득 머금어 부풀어 오를 수 있게 한다.

① 몸의 긴장을 풀고 편안한 자세를 취한다.

② 양손에 깍지를 끼고, 배꼽아래의 단전에 댄다.

③ 코로 숨을 천천히 들이 마시되, 아랫배가 불룩 나오는 것을 손에 느끼며 어깨가 들리지 않도록 주의한다.

④ 들이 마신 숨을 입으로 천천히 내뱉으며 아랫배가 꺼지는 것을 느끼고, 어깨가 쳐지지 않도록 주의한다.

⑤ 차츰 횟수를 늘려가면서 연습한다.

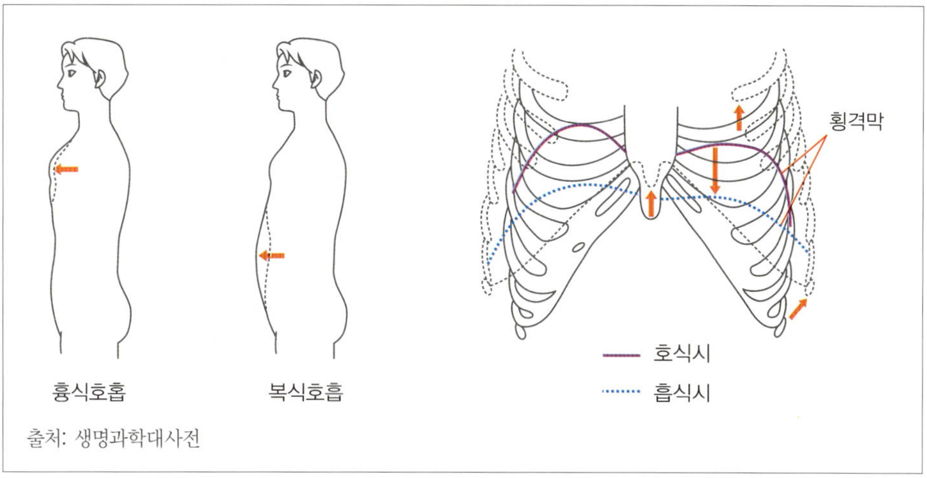

[그림 4-1] 흉식호흡과 복식호흡

(3) 성대운동과 공명

❶ 성대운동

- 양손을 깍지를 끼고, 양 엄지손가락으로 아래턱을 위로 젖혀 시선이 천정을 향했다가 제자리로 오는 동작을 반복한다.
- 엄지와 집게손가락으로 목구멍 주위를 위 아래로 쓸어내려 목을 풀어준다.
- 턱 선과 목 아래 근육, 귀 아래쪽 근육을 목을 풀어준다.

❷ 공명

- 성대를 통해 후두의 진동이 공명되는 과정을 거쳐 소리가 입 밖으로 나오게 된다.
- 그러므로 입을 다문 채 "음~", "흠~" 하고 음을 반복한다.
- 공명이 충분히 일어나면 좋은 목소리가 나올 수 있다.

(4) 발성

- 발성연습은 호감 가는 목소리와 발음 연출을 위해 필수적이다.
- 가슴을 편 상태로 입을 크게 움직여서 뱃속으로부터 나오는 목소리를 내도록 한다.

(5) 혀 운동

- 혀를 입 밖으로 길게 뺏다가 집어넣는 운동을 반복하여 혀의 움직임을 부드럽게 원활하게 한다.

예) 글글글글 끌끌끌끌 걸걸걸걸 껄껄껄껄 놀놀놀놀 달달달달 똘똘똘똘 롤롤롤롤
물물물물 뮬뮬뮬뮬 벌벌벌벌 빨빨빨빨 술술술술 솔솔솔솔 쌀쌀쌀쌀 을을을을
잴잴잴잴 절절절절 잘잘잘잘 짤짤짤짤 털털털털 칼칼칼칼 쿨쿨쿨쿨 핼핼핼핼

(6) 발음

① 연습 전에 입술을 상하로 움직여서 근육을 풀어준다.
② 가능한 한 입을 크게 벌린다.
③ 가로로 읽은 후 세로로 읽는다.
④ 강약을 조절하여 한 번은 강하게 한 번은 약하게 반복하여 발음한다.
⑤ 정확하게 명료하게 끊어서 발음하여 연습한다.

가	갸	거	겨	고	교	구	규	그	기	게	개	괴	괘	궤	과	궈	귀
나	냐	너	녀	노	뇨	누	뉴	느	니	네	내	뇌	놰	눼	놔	눠	뉘
다	댜	더	뎌	도	됴	두	듀	드	디	데	대	되	돼	뒈	돠	둬	뒤
라	랴	러	려	로	료	루	류	르	리	레	래	뢰	뢔	뤠	롸	뤄	뤼
마	먀	머	며	모	묘	무	뮤	므	미	메	매	뫼	뫠	뭬	뫄	뭐	뮈
바	뱌	버	벼	보	뵤	부	뷰	브	비	베	배	뵈	봬	붸	봐	붜	뷔
사	샤	서	셔	소	쇼	수	슈	스	시	세	새	쇠	쇄	쉐	솨	숴	쉬
아	야	어	여	오	요	우	유	으	이	에	애	외	왜	웨	와	워	위
자	쟈	저	져	조	죠	주	쥬	즈	지	제	재	죄	좨	줴	좌	줘	쥐
차	챠	처	쳐	초	쵸	추	츄	츠	치	체	채	최	쵀	췌	촤	춰	취
카	캬	커	켜	코	쿄	쿠	큐	크	키	케	캐	쾨	쾌	퀘	콰	쿼	퀴
타	탸	터	텨	토	툐	투	튜	트	티	테	태	퇴	퇘	퉤	톼	퉈	튀
파	퍄	퍼	펴	포	표	푸	퓨	프	피	페	패	푀	퐤	풰	퐈	풔	퓌
하	햐	허	혀	호	효	후	휴	흐	히	헤	해	회	홰	훼	화	훠	휘

2) 발음 훈련

(1) 어려운 말 연습

① 간장 공장 공장장은 공 공장장이고, 콩장 공장 공장장은 방 공장장이다.

② 이 콩깍지는 깐 콩깍지냐 안 깐 콩깍지냐? 깐 콩깍지면 어떻고 안 깐 콩깍지면 어떠냐?

③ 내가 그린 구름 그림은 새털기린 구름 그림이고, 네가 그린 구름 그림은 양털기린 구름 그린 그림이다.

④ 치키 초코 차카 초크 차키 초코 치키 초코 초크 처키 초코 초

⑤ 안촉촉한 초코칩 나라에 살던 안촉촉한 초코칩이 촉촉한 나라의 촉촉한 초코칩을 보고 촉촉한 초코칩이 되고 싶어서 촉촉한 초코칩 나라에 갔는데 촉촉한 초코칩 나라의 문지기가 '넌 촉촉한 초코칩이 아니고 안촉촉한 초코칩이지만

촉촉한 초코칩도 안촉촉한 초코칩 나라에 갈 수 있는 거야'라고 해서 안촉촉한 초코칩은 촉촉한 초코칩의 나라에서 촉촉한 초코칩과 안촉촉한 초코칩은 어울리며 잘 살았습니다.

(2) 면접에서의 음성

❶ 속도

- 너무 빠르게 말하는 것은 상대방이 알아듣지 못하게 하고, 너무 천천히 말하게 되면 지루하게 느낄 수 있다.
- 상대방에게 명확한 정보를 전달하게 위해서는 1분에 300자 정도가 적합하다.
- 면접에서는 T. P. O를 고려하여 말하는 것이 중요하다.

❷ 억양

- 적당한 높낮이 조절과 강조해서 말 할 때는 강세를 두기도 한다.

❸ 크기

- 면접관과의 거리, 장소, 크기를 고려하여 면접관이 충분히 알아들을 수 있도록 성량을 조절한다.
- 또한 다른 면접자와 성량이 비교될 수 있으므로 적당한 목소리 크기로 속삭이거나 떨림이 많은 목소리, 퉁명스러운 목소리는 지양한다.

❹ 톤

- 톤 조절을 통해, 감정이나 느낌을 전달하되 문장의 끝은 중음으로 살짝 떨어트

Worksheets

1. 다음 왼쪽의 단어들을 긍정의 느낌으로 바꿔 보세요.

예) 고집불통 → 끈기 있는

단점	긍정적으로
1. 간사한	
2. 아부하는	
3. 경쟁적인(공격적)	
4. 나서는(설치는)	
5. 독재적인	
6. 소심한	
7. 엉뚱한	
8. 수다스러운	
9. 냉정한 차가움	
10. 거만한	

Worksheets

2. 말하기 스킬을 활용하여 다음을 적절한 표현으로 바꿔보세요.

상황	적절한 표현
잠깐만요!	
성함은요?	
네, 뭐라구요?	
뭐하시게요?	
모르겠는데요.	
알았어요.	
일단 주세요.	
본인 맞으세요?	
어떻게 오셨어요?	

Worksheets

3. 실제로 면접을 보는 상황이라고 생각하고 자기소개를 한 후 동료들에게 피드백을 받으시기 바랍니다.

음성	피드백 내용
속도	
억양	
크기	
톤	
기타	

Chapter

5

서비스 인사와 자세

학습목표

- 서비스에 바른 인사 자세와 종류를 알고 실천한다.
- 서비스에 바른 자세, 앉는 자세를 이해하고 실천한다.
- T. P. O에 맞는 인사와 자세를 학습하고 적용한다.

1. 서비스 인사

1) 인사의 기본

(1) 인사의 의미

❶ 인사의 유래

- 인사는 상대방에게 해치지 않겠다는 신호, 무장해제의 신호에서 유래되었다고 한다.

❷ 인사의 의미

- 사회생활에 있어서 가장 기본이 되는 첫걸음이다.
- 인간관계에서 서로 상호 간에 친근감의 표현이다.
- 인사는 상대방의 인격을 존중하고, 배려와 경의를 표현한다.
- 자신의 인격과 교양을 드러내는 가장 기본적인 인간관계의 활동 표현이다.
- 복잡한 인간관계를 원활하게 하기 위한 일정한 형식 또는 의례적인 상호행위로 환영, 죄송함, 반가움, 배려, 감사 등이 내포되어 중요한 의미를 갖는다.

인사(악수, 경계, 키스의 유래)

■ 경례

경례(敬禮)는 상대에게 경의를 표하며 인사하는 일을 뜻한다. 거수경례(擧手敬禮)는 군인들 사이에서 행해지는 것으로 오른손을 들어서 한다. 그 유례는 중세 군인들이 모자의 챙을 들어 올려 얼굴을 보이게 하여 자신이 아군임을 알게 하기 위한 행위에서 시작되었다고 한다. 혹은 중세 유럽에서 기사들이 머리에 쓴 투구의 '바이저(앞면 보호대)'를 올리던 행동이라고 한다. 중세의 기사들은 결투를 하기 전에 자신의 가문을 소개한 후 시작했는데, 이때 얼굴을 보여주기 위해 바이저를 올리는 동작이 군대 거수경례의 유래라는 설이다. 자신이 누구인지를 알리는 행위에서 시작된 것은 맞는 것 같다.

■ 악수

악수(握手)는 요즘 가장 보편적인 인사방식일 것이다. 역사도 오래되었고, 손을 잡는 방법에 있어서 지역적인 특징이 있다. 특히 미국의 트럼프 전 대통령이 다른 나라의 정상들과 만나면서 악수하는 방식을 통해서 자신의 자신감을 과시하려던 행동은 많은 사람들의 이목을 끌었다. 수백 년 전 잉글랜드에서 손에 무기가 없다는 것을 증명하기 위해 악수를 했다고 알려져 있다. 대부분의 여성들은 무기를 소지하지 않았으며, 무기 소지가 허락되지도 않았다. 따라서 이러한 역사적인 사실로 인해서 과거에는 여성들 사이에서는 악수가 일반화되지 않았다.

■ 키스

키스(KISS)라는 말은 쿠스(KUS)라는 산스크리트어에서 파생된 단어라고 한다. 쿠스는 '껴안다'라는 뜻을 가지고 있다. 키스의 유래에 대해서는 다음과 같은 설이 있다. 원시시대에는 농사를 짓지 않았기 때문에 사냥으로 생계를 유지할 수밖에 없었다. 그래서 남자가 사냥을 나간 사이 여자가 식량을 축냈는지 사냥에서 돌아온 남자들이 확인하는 방법으로 입안 구석구석을 혀로 샅샅이 살벌하게 검사한 것이 키스였다는 것이다.

키스가 생겨난 또 다른 이야기는 아이에게 엄마가 음식을 입에 넣어주기 위해 만들어졌다는 유래가 있다.

출처: 여러 가지 인사방식의 유래 | 작성자 와우테크

(2) 인사의 바른 자세

- 인사를 잘 하면 인상이 바뀌고, 인상이 바꾸면 인생이 바뀐다는 말이 있다.

❶ 기본자세

인사는 형식과 마음이 진심에서 우러나올 수 있도록 자세를 갖추는 것도 중요하다.

- 얼굴표정은 밝고 친근감 있는 미소를 짓는다.
- 시선은 치켜뜨거나 아래로 하지 않고, 상대방을 바라보며 진심어린 마음이 전달될 수 있도록 한다.
- 턱을 너무 들거나 내리지 않는다.
- 등허리 곧게 펴서 머리–등–허리가 일직선이 되도록 유지한다.
- 어깨는 힘을 자연스럽게 빼서 들리지 않고, 균형을 유지한다.
- 손은 남자의 경우는 바지 양쪽 재봉선에 가볍게 주먹을 쥐고 서거나 공수하며, 여자의 경우는 배꼽 아래쪽으로 자연스럽게 공수한다.
- 발은 뒤 발꿈치를 붙이고 여자는 15°, 남자는 30° 정도로 선다.

❷ 기본방법

- 인사의 기본자세로 상대방의 눈을 보며 인사말을 건넨다.
- 상황에 맞은 표정을 짓는다.
- 상황에 따라 15°, 30°, 45° 각도로 허리를 굽힌다.
- 등허리 곧게 펴서 머리–등–허리가 일직선이 되도록 유지한다.
- 허리를 굽힌 상태로 잠시 멈추고 일어난다.
- 허리를 굽혔을 때 시선은 1~1.2m 앞쪽을 응시한다.
- 허리를 천천히 편다. (허리를 숙일 때 속도보다 조금 천천히 펴는 게 좋다)

❸ 인사의 포인트

- 내가 먼저 한다.
- 상대방의 눈을 보면서 한다.
- 인사말을 먼저 하고 인사말과 함께 긍정의 말을 함께 한다.
- 진심에서 밝은 마음으로 한다.

공수자세

■ 공수

평상시에는 남자는 왼손이, 여자는 오른손이 위로 가도록 두 손을 포개어 잡으며, 흉사 시에는 반대로 남자는 오른손이, 여자는 왼손이 위로 가도록 잡는다. 공수(拱手)라는 낱말은 국어사전에 두 손을 마주 잡아 공경의 뜻을 나타내며, 그런 예라고 실려 있다. 옛 문헌에는 '깍지 낄 차'와 '손 수' 자를 써서 차수(叉手)라고도 한다.

〈바른 자세〉

〈바르지 못한 자세〉

2) 인사의 종류

(1) 목례

❶ 자세

- 목례의 목(目)은 눈을 의미하는 것으로, 허리를 숙이지 않고 눈으로 인사한다.

❷ 상황

- 한 번 본 사람을 다시 마주쳐서 인사하게 되는 경우
- 잘 모르는 낯선 사람에게 인사하는 경우
- 양손에 짐을 많이 든 경우
- 통화 중이거나 통화를 하고 있는 경우

(2) 약례

❶ 자세

- 허리를 15° 정도 기울여 가볍게 인사한다.

❷ 상황

- 사적으로 프라이버시가 보장되는 개인적인 공간
- 복도, 엘리베이터, 실내 등의 협소한 공간
- 고객이나 상사를 여러 번 만난 경우

(3) 보통례

❶ 자세

- 허리를 30° 정도 숙여서 인사한다.

❷ 상황

- 일반적이고 정식으로 송영(送迎: 맞이하거나 배웅)하는 경우

- 보고를 하거나 지시를 받는 경우

(4) 정중례

❶ 자세

- 가장 정중하고 공손한 인사로 45° 허리를 숙여서 인사한다.

❷ 상황

- 깊은 감사와 정중한 사과를 표현하는 경우
- 국가 원수, 국빈, 집안 큰 어른에게 인사하는 경우
- 공식적인 행사의 경우

이런 인사는 삼가 합시다!

- 망설이다 하는 인사
- 말로만 하는 인사
- 고개만 까닥거리는 인사
- 말뿐인 인사
- 눈도 마주치지 않는 성의 없는 인사
- 하는 둥 마는 둥, 받는 둥 마는 둥 하는 인사

3) 상황별 인사 방법

(1) 인사를 해야 할 거리가 난감 할 때

❶ 먼 거리에서 마주쳤을 때

- 먼저 눈인사를 한 뒤 상대방과 거리가 1~1.2m 정도 거리가 되면, 인사말로 함께 바른 인사 자세로 인사한다.

❷ 갑자기 만난 경우

- 앞에서 또는 옆에서 갑자기 보게 되는 경우는 즉각적으로 인사한다.

(2) 계단에서 마주 친 경우

- 계단에서 상사와 마주 친 경우 보는 순간 눈인사를 하고 빨리 계단 위치 가까운 곳까지 위치를 이동하여 인사한다.

(3) 통화 중인 경우

❶ 상대방이 통화 중인 경우

- 눈인사를 한다.

❷ 내가 통화 중인 경우

- 눈인사를 한다.
- 수화기를 손으로 막은 후 "잠시만 기다려 주시겠습니까?"라고 양해를 구한다.
- 통화를 끝낸 후 "기다려 주셔서 감사합니다." 또는 "오랫동안 기다리셨습니다." 등의 기다림에 대한 감사인사를 잊지 않는다.

(4) 식당에서 마주 친 경우

- 식사 중일 때는 가벼운 목례로 대신하거나 인사말로만 인사한다.

(5) 복도에서 마주 친 경우

- 상대방이나 상사를 보는 순간 바로 인사하며, 가까이 지나갈 때 다시 한 번 더 인사말과 함께 인사한다.
- 인사 후 상사가 지나가기 편하도록 약간 비켜서서 멈춰 서 있는 것도 바람직한 인사이다.

(6) 미처 인사를 못 한 경우

- 때를 놓쳐 미처 인사를 못 하거나 상사가 지나간 상황이라도 인사를 한다.

(7) 인사를 생략해도 무방한 경우

- 위험한 작업 중인 경우
- 회의 중, 교육 중, 발표 중인 경우
- 결재를 받고 있거나 피드백 받고 있는 경우
- 중요한 상담을 하고 있는 경우

코로나19 이후의 인사 방법

악수나 포옹 등의 직접 접촉을 하지 않는 코로나19 시대의 인사법을 사용한다.
(예: 주먹인사, 옷소매인사, 팔 인사 등)

2. 서비스 자세

1) 바른 자세

(1) 기본 자세

여자	남자
• 머리는 수직으로 세운다. • 턱 선은 바닥선과 수평을 맞춘다. • 턱이 들리거나 당겨지지 않게 한다. • 발뒤꿈치는 붙이고 V자 모양을 한다. • 무릎에 힘을 주어 붙인다. • 어깨는 힘을 빼고 수평을 맞춘다. • 가슴은 쫙 편다. • 엉덩이와 아랫배에 힘을 준다. • 등을 곧게 편다. • 오른손이 위로 가게 공수자세 한다. • 시선은 정면을 바라본다. • 표정은 편안하게 한다.	• 머리는 수직으로 세운다. • 턱 선은 바닥선과 수평을 맞춘다. • 턱이 들리거나 당겨지지 않게 한다. • 발뒤꿈치는 붙이고 V자 모양을 한다. • 어깨는 힘을 빼고 수평을 맞춘다. • 가슴은 쫙 편다. • 엉덩이와 아랫배에 힘을 준다. • 등을 곧게 편다. • 양손은 계란을 가볍게 쥐듯이 하여 바지 옆 재봉선에 붙인다. • 시선은 정면을 바라본다. • 표정은 편안하게 한다.

(2) 앉는 자세

여자	남자
• 의자 반보 앞에 서서 한 쪽 다리를 뒤로 해서 의자 위치를 확인한다. • 스커트를 입은 경우는 스커트자락을 쓸어 겹치거나 구김이 없도록 정리하여 앉는다. • 엉덩이를 의자 깊이 앉고 상체를 등받이에 기대지 않는다. • 허리를 펴고, 의자 등받이와 허리는 주먹 하나 정도의 간격으로 앉는다. • 무릎과 발꿈치를 붙이고 발끝을 나란히 하고 앉는다. • 모은 발은 오른쪽이나 왼쪽으로 비스듬히 하고 앉아도 무방하다.	• 의자 반보 앞에 서서 한 쪽 다리를 뒤로 해서 의자 위치를 확인한다. • 엉덩이를 의자 깊이 앉고 상체를 펴고 등받이에 기대지 않는다. • 가볍게 주먹을 쥐어 양쪽 무릎 위에 올려놓는다. • 엉덩이를 의자 깊이 앉는다. • 허리를 펴고, 의자 등받이와 허리는 주먹 하나 정도의 간격으로 앉는다. • 무릎 간격은 주먹 두 개의 간격으로, 발은 어깨 넓이로 하고 뒷굽이 무릎보다 앞으로 나오지 않게 한다.

(3) 걷는 자세

- 어깨와 등을 펴고 걷는다.
- 시선은 정면을 향한다.
- 표정은 온화하게 한다.
- 팔은 자연스럽게 손끝이 허벅지 바깥쪽을 스치듯이 걷는다.
- 발의 앞쪽 끝이 바닥에 먼저 닿도록 하며 걷는다.
- 발바닥의 모양이 일직선을 그렸을 때 11자의 모양이 되게 걷는다.
- 발소리가 나지 않도록 신발을 끌거나 하지 않는다.

2) 상황에 맞는 올바른 자세

(1) 물건을 주고받을 때

- 가슴과 허리 사이에서 주고받는다.
- 물건의 크기와 상관없이 두 손을 사용한다.
- 크기가 작은 물건은 한손으로 들고 한손으로 받친다.
- 크기가 매우 작은 물건의 경우에는 냅킨이나 다른 물건을 이용한다.
- 물건을 주고받을 때는 상대방의 눈과 물건을 번갈아 바라본다.

(2) 방향을 알려줄 때

- 가리키는 방향이나 물건을 확인 복창을 한다.
- 손의 모양은 손가락을 모아 손바닥 전체로 가리킨다.
- 시선은 상대방의 눈에서 가리키는 방향, 다시 상대방의 눈을 확인하는 삼점법을 사용한다.
- 상대방을 기준으로 방향을 알려준다.
- 오른쪽을 가리킬 때는 오른손을, 왼쪽을 가리킬 때는 왼손을 사용한다.
- 사람을 가리킬 때는 남녀노소를 불문하고 두 손을 사용한다.
- 뒤쪽의 방향이나 물건을 가리킬 때는 얼굴과 시선을 같이 뒤로 해서 가리킨다.

〈바른 방향 지시〉

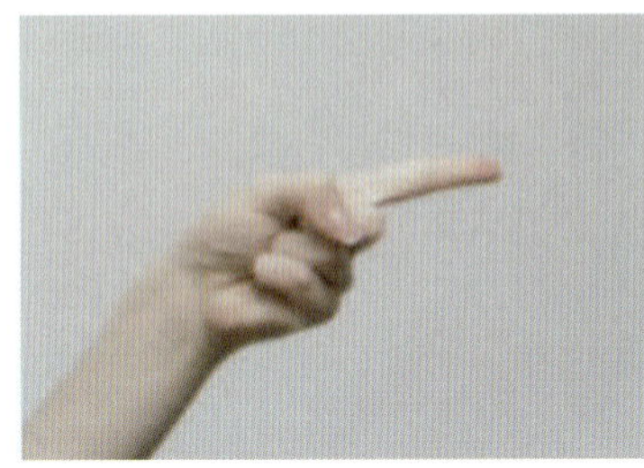

〈잘못된 방향 지시〉

(3) 계단을 오르고 내릴 때

- 몸은 정면보다는 사선으로 비스듬히 하되, 상체는 곧게 펴고 바른 자세를 유지한다.
- 올라갈 때 시선은 15° 정도 위를 향하는 것이 좋다.
- 내려갈 때 시선은 15° 정도 아래를 향하는 것이 좋다.
- 올라갈 때는 남자가 먼저 올라간다.
- 내려갈 때는 여자가 먼저 내려간다.

(4) 출입문을 들어가고 나갈 때

- 노크를 해서 인기척을 하며, 노크소리는 '쿵쿵'대지 않고 2~3회 '똑똑'한다.
- 문을 열거나 닫을 때는 손을 이용한다. (만약 양손에 물건을 들고 있는 경우에는 물건을 내려놓은 후 열고 닫는다.)
- 문을 열거나 닫을 때 경첩을 등지어 다른 사람에게 등을 보이지 않게 한다.
- 문을 필요 이상 열어놓고 일을 보거나, 필요 이상 문을 잠그고 일을 보지 않는다.

- 문턱이 있는 경우는 문턱을 밟고 서지 않는다.
- 문을 열거나 닫을 때 소리가 크게 나지 않도록 조심한다.

이런 자세는 불편합니다!

- 의자에 몸을 기댄 후 의자를 뒤로 까딱거린다.
- 의자의 끄트머리에 걸치고 앉아 신발을 반쯤 신은 채로 흔든다.
- 의자가 아닌 책상에 걸터 앉는다.
- 양손을 주머니에 넣은 채로 신발을 끌며 걷는다.
- 사적인 통화 목소리가 너무 크다.
- 스마트폰에서 눈을 떼지 않고 복도나 계단을 걷는다.
- 고객 상담 중에 다른 사람과 사적인 이야기를 한다.
- 입안에 음식물을 넣은 채로 말을 계속 한다.
- 화장실 사용 후 손을 씻지 않는다.

Worksheets

1. 인사 상황에서 인사를 주고 받으면서 좋았던 경험과 불쾌했던 경험을 떠올려 보고 불쾌했던 원인에 이유에 대해서 공유해 봅시다.

경험	이유
좋았던 인사 경험	
불쾌했던 인사 경험	

2. 다음 상황에서 어떻게 해야 할지 생각해 봅시다.

상황	방법
인사를 했는 데 받아 주지 않는 경우	
인사하고 싶지 않은 사람을 마주 친 경우	
멀리서 안면만 있는 사람이 보이는 경우	
다른 회사에 방문했을 경우	
다른 부서에 방문했을 경우	
기타 곤란한 상황	

MEMO

Chapter

6

서비스 매너

학습목표

- 서비스 매너를 학습하고 적용한다.
- 직장 매너를 이해하고 활용한다.
- 글로벌 매너를 학습하고 상황에 맞게 활용한다.

1. 서비스 매너

1) 방문매너

(1) 준비

- 약속시간은 사전에 조율하여 정하되, 식사시간 전후나 바쁜 회의시간은 피한다.
- 준비해야 할 홍보자료, 설명서, 메모수첩, 명함 등을 준비한다.
- 갑작스러운 용무나, 급하게 방문하는 경우에는 전화로라도 사전에 꼭 양해를 구한다.
- 약속시간 5~10분 전에 도착하여 너무 이르거나 늦지 않도록 한다.
- 약속시간에 늦을 경우는 미리 알려준다.

(2) 방문

- 안내가 있는 경우에는 반드시 경유하여 방문일지를 작성한다.
- 대기하는 곳이 있는 경우는 대기실에서 기다린다.
- 외투는 벗고 들어간다.
- 담당자를 만나게 되면 인사 후 명함을 교환하고 미팅 후 감사인사를 한다.

2) 소개매너

(1) 소개 방법

- 소개를 하는 사람이나 소개를 받는 사람 모두 일어서는 것이 원칙이다.
- 지위가 높은 사람, 성직자, 모임에서 가장 높은 사람을 소개할 경우 모두 일어나는 것이 원칙이다.
- 소개가 끝나면 소개를 받은 사람이 상대방에게 먼저 인사를 청하여 악수나 목례를 나눈다.

(2) 소개 순서

소개는 다음과 같은 순서로 하는 것이 일반적이다.

- 하급자를 상급자에게
- 남성을 여성에게
- 후배를 선배에게
- 연소자를 연장자에게
- 연소자를 손님에게
- 회사사람(직원)을 고객에게
- 미혼자를 기혼자에게

3) 악수매너

(1) 악수 방법

악수는 고대자료에서는 신에게서 지상과 통치자에게 권력이 이양되는 것을 의미한다고 하며, 손에 무기를 지니고 있지 않음을 보여줌으로써 화해와 평화의 제스처라는 유래가 있다. 이집트 시대의 동사인 '주다'라는 표현이 상형문자로 손을 내민 모양을 나타낸다고도 한다.

- 악수는 원칙적으로 오른손으로 한다.
- 짐을 들고 있는 경우에는 내려놓거나 왼손으로 옮겨 들고 한다.
- 엄지와 검지 사이가 서로 맞닿게 깊게 잡고 적당한 힘으로 한다.
- 손을 너무 꽉 쥐거나 너무 느슨하게 잡지 않는다.
- 적당한 힘을 주어 2~3번 정도 가볍게 흔든다.
- 너무 오랫동안 손을 쥔 채로 서 있지 않는다.
- 시선은 눈–손–눈의 3점법의 순서로 한다.
- 허리는 숙이거나 굽신거리지 않는 것이 매너이나 한국의 정서상 허리를 15° 숙여도 무방하다.

(2) 악수 순서

악수는 다음과 같은 순서로 하는 것이 일반적이다.

- 상급자가 하급자에게
- 여성이 남성에게
- 선배가 후배에게
- 연장자가 연소자에게
- 기혼자가 미혼자에게

4) 명함매너

(1) 명함 주는 방법

- 일어서서 오른손으로 상대방이 읽기 쉬운 방향으로 본인 소개와 함께 건넨다.
- 자신을 소개한다는 의미로 아랫사람이나 방문한 쪽에서 먼저 주는 것이 예의이다.
- 윗사람과 함께 명함을 건네는 경우는 윗사람이 건넨 다음 본인 명함을 건넨다.
- 동시에 교환하는 경우에는 오른손으로 본인의 명함을 건네고, 왼손으로 상대방이 명함을 받은 후 나머지 손으로 받쳐 든다.
- 명함은 여유 있게 준비하며 명함집에 보관한다.
- 업종별, 회사별, 커뮤니티별 등으로 정리해 놓는다.

(2) 명함 받는 방법

- 일어서서 두 손으로 인사말과 함께 받고 자신의 명함도 바로 건네도록 한다.
- 명함을 받게 되면 상대방에 대한 확인과 함께 인사말을 한다.
- 명함의 여백 부분을 잡고 공손히 받쳐 든다.
- 어려운 한자나 영어는 그 자리에서 물어보도록 한다.
- 명함은 받은 손이 허리 아래로 내려가지 않도록 하며, 바로 명함집에 넣는 것은 실례이다.
- 대화가 연장될 경우는 테이블 위에 놓고, 대화가 끝난 후 명함집에 넣는다.
- 복도나 서서 명함을 교환하는 경우에는 상대방의 확인과 인사말 후 명함집에 넣어도 무방하다.
- 명함을 준비하지 못했다면 사과 말씀을 드리고 따로 다른 종이를 이용해서 번호를 적어드린다.

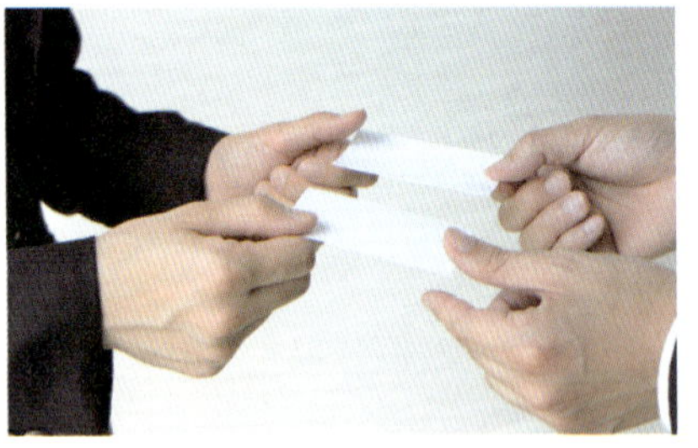

이런 명함 매너 좋지 않아요!

- 명함을 받자마자 아무데나 넣는 매너
- 명함을 뒷주머니에 넣는 매너
- 명함을 준비하지 못해서 가방을 뒤지는 매너
- 명함을 계속 만지작거리면서 대화하는 매너
- 명함에 상대방 앞에서 직접 메모하는 매너
- 다른 용도로 사용하는 매너
- 주고받은 명함을 그대로 놓고 가는 매너
- 명함을 주면서 악수를 동시에 하는 매너

5) 상황별 매너

(1) 안내

❶ 회전문

- 고객을 먼저 들어가게 하고 고객의 걸음 속도에 맞춰 회전문을 뒤에서 밀어 안내한다.

❷ 여닫이문

- 안내하는 사람은 경첩을 등지고 선다.
- 당기는 문은 고객이 먼저 통과할 수 있도록 안내하는 사람이 문을 열어 안내한다.
- 미는 문은 안내하는 사람이 먼저 통과한 후 고객이 통과할 수 있도록 문을 잡아 안내한다.

❸ 미닫이문

- 안내하는 사람은 열리는 문쪽 방향으로 서서, 고객이 통과할 때까지 문을 잡아 안내한다.

❹ 복도

- 고객의 2~3보 앞에 비스듬히 서서 안내하며, 안내하는 중간 중간에 뒤를 보며 확인하고, 손으로 방향을 안내하며 걷는다.

❺ 엘리베이터

- '배려 대상자 우선 탑승의 원칙'에 따라, 직장 상사나 고객이 먼저 타고, 먼저 내리는 것이 순서이다.
- 안내하는 사람은 먼저 탑승하여 버튼을 누르고, 엘리베이터가 도착하면 버튼을 눌러 고객이 내린 후에 내린다.

❻ 보행

- 우측보행이 원칙이다.
- 상급자가 앞에서 걷는다.
- 일반적으로 하급자는 상급자의 왼쪽에 서며, 3명 이상 걸을 때는 상급자가 가운데서 걷는다.
- 고객을 길의 안쪽, 안내하는 사람은 길의 바깥쪽으로 걸으면서 안내한다.

(2) 상석

- 윗사람이나 방문객에게는 상석을 권하며, 주빈의 오른쪽을 상석으로 본다. 단, 상대방이 편하다고 생각하면 그 자리를 상석으로 봐도 무방하다.
- 출입구 쪽에서 가장 먼 곳이 일반적으로 상석이다.
- 창문이 있는 경우는 경치를 볼 수 있는 자리가 상석이다.
- 사무실과 함께 있는 경우는 책상에서 멀리 떨어진 자리를 상석으로 본다. 단, 상대방이 편하다고 생각하면 그 자리를 상석으로 봐도 무방하다.

❶ 사무실

- 출입구 쪽에서 가장 먼 곳
- 창문이 있는 경우는 경치를 볼 수 있는 곳
- 출입구와 책상에서 멀리 떨어진 곳
- 응접세트 의자는 긴 의자 오른쪽 자리가 상석이다.

❷ 자동차

- 운전기사가 있는 경우는 운전석의 대각선 자리가 상석이다.
- 운전기사가 없는 경우는 운전석의 옆자리가 상석이다.
- 상급자가 먼저 탑승하는 경우에는 하급자가 반대편의 문으로 승·하차한다.

- 스커트 입은 여성이 동승하는 경우에는 뒷자석 가운데 자리에 앉지 않게 하는 것이 매너이다.

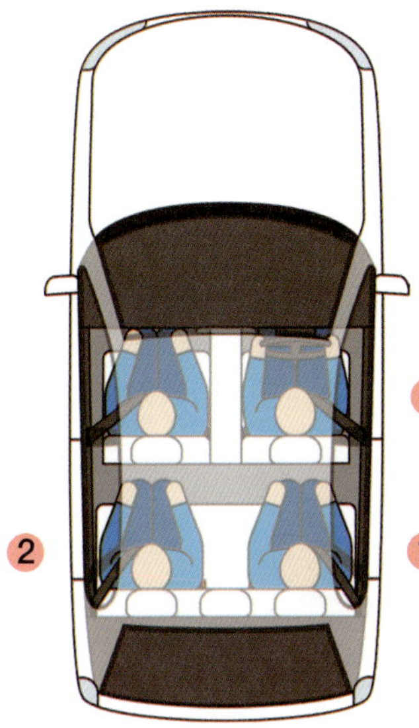

〈운전기사가 있는 경우〉

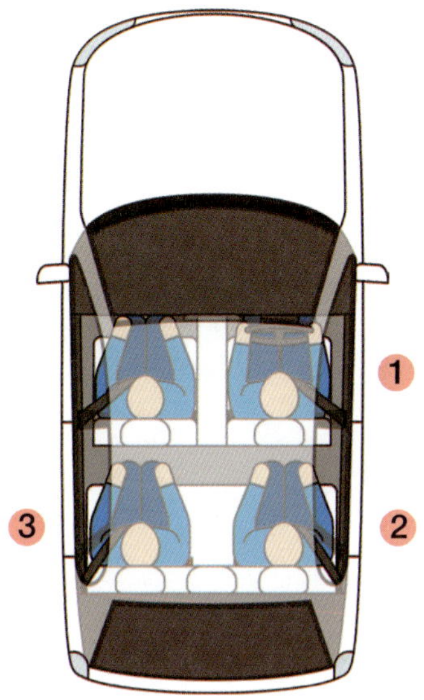

〈운전기사가 없는 경우〉

❸ 열차

- 진행방향의 창가, 맞은편 창가, 진행방향의 통로, 맞은편의 통로좌석의 순서이다.

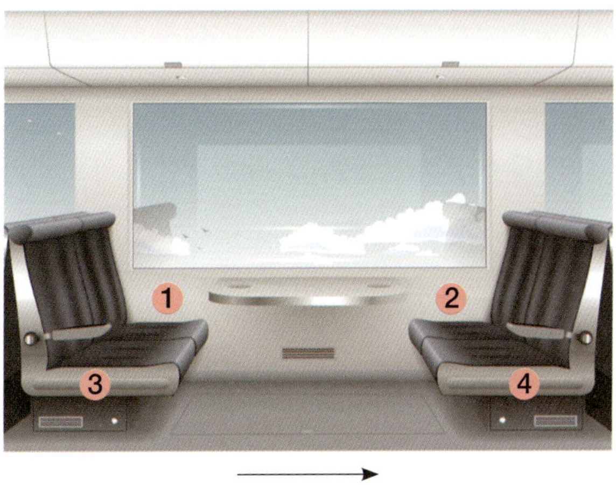

〈진행방향〉

❹ 비행기

- 비행기 앞쪽의 오른쪽을 일반적으로 상석으로 보며, 창가, 복도 쪽, 가운데 좌석의 순서이다.
- 국제적으로 비행기는 상급자가 나중에 탑승하고, 내릴 때는 나중에 내린다.

2. 직장 매너

1) 근무매너

(1) 출근 매너

- 출근 시간에 딱 맞추기보다는 근무를 위한 주변과 업무 준비를 위해 여유 있게 출근한다.
- 출근 후 하루일정을 정리하고 계획한다.
- 윗사람, 동료, 후배들이 출근하면 밝게 인사한다.
- 부득이 하게 지각을 하게 되는 경우는 회피하지 말고 신속하게 연락을 취하고, 사유를 먼저 보고한다.

- 자리를 비우는 경우는 상사에게 보고하고 자신의 업무에 차질이 없도록 동료의 협조를 구하여 일에 방해되지 않도록 한다.

(2) 근무 중 매너

- 직장 내 모든 사람들에게는 예의를 지키고 매너 있게 행동한다.
- 근무 중에는 개인적인 잡담과 사적인 행동은 자제한다.
- 자기 주변 정리를 철저히 하며, 공동물품은 다른 사람이 사용할 때 불편하지 않도록 제자리에 두고 마무리를 잘 한다.
- 점심시간과 휴식시간을 명확히 해서 효율성을 높인다.
- 자리를 비우는 경우는 상사에게 보고하고 허가를 받는다.
- 출장과 외근 시에는 목적, 장소, 시간을 보고하여 동선을 공유한다.

(3) 퇴근 후 매너

- 자신의 일은 마무리 하여 다음 날 업무에 차질이 없도록 하고 퇴근한다.
- 시설물의 전원과 잠금 장치를 확인한다.
- 먼저 퇴근하는 경우는 인사말로 퇴근을 밝히고 일하는 사람에 대한 예의를 지켜 상호 간에 정중함을 유지한다.

■ 퇴근할 때 인사말

예) 먼저 퇴근하겠습니다.
먼저 가보겠습니다.
더 이상 용무는 없습니까? 없다면 먼저 퇴근해도 괜찮겠습니까?

2) 호칭매너

(1) 상사에 대한 호칭

상사에게는 성, 직위 또는 직급, '님'을 붙인다.	• 김 부장님 • 박 팀장님
상사를 직접 부를 때는 성을 빼고 직급을 부른다.	• 이사님 • 팀장님
다른 부서의 상급자에게는 부서명, 직위 또는 직급, '님'을 붙인다.	• 혁신팀장님 • 인사부장님

(2) 아랫사람에 대한 호칭

상사에게는 성, 직위 또는 직급, '님'을 붙인다.	• 김 부장님 • 박 팀장님
상사를 직접 부를 때는 성을 빼고 직급을 부른다.	• 이사님 • 팀장님
다른 부서의 상급자에게는 부서명, 직위 또는 직급, '님'을 붙인다.	• 혁신팀장님 • 인사부장님

(3) 동료 간의 호칭

동료 혹은 동급자는 성과 직급또는 직위를 부른다.	• 이 대리 • ○○ 씨

(4) 틀리기 쉬운 존칭

상사에 대한 존칭은 호칭에만 쓰고 사무실에는 쓰지 않는다.	• 사장님실(X) • 사장실(O)
문서에는 상사의 존칭을 생략한다.	• 부장님지시(X) • 부장지시(O)
상사 당사자가 동석하여 지시사항을 전달할 경우 '님'을 붙인다.	• 사장님 지시사항을 전달하겠습니다.

(5) 경어사용

	겸양어(자신을 낮추는 말)	존경어(상대를 높이는 말)
묻다	여쭙다	문의하다
말하다	말씀드립니다	말씀하시다
보다	봅니다	보시다

자주 사용하는 잘못 된 표현

1. **"커피나오셨습니다.", "이건 신제품이십니다."**
   존칭은 사람에게 사용한다. 사물존칭은 잘 못된 표현이다.

2. **"고객님"**
   고객이라는 단어에는 이미 찾아온 손님이라는 의미가 담겨 있기 때문에 이중적 의미가 되어 손님으로 사용하는 게 좋다.

3. **"부장님 점심 식사하셨어요?"**
   식사는 아랫사람에게 사용하는 말로 아침, 점심, 저녁으로 사용한다.

4. **"부장님 진지 드셨어요?"**
   진지는 가정 내에서 쓰는 경어로써 직장 내에서는 사용하지 않는다.

5. **"우리 남편이 출장 가셨어요."**
   자신의 배우자에 대해 직장에서는 상사나 동료 앞에서는 높임말을 쓰지 않는 것이 바람직하다.

3) 음주매너

(1) 술자리 기본 매너

- 벽을 등지고 앉거나, 출입문을 바라볼 수 있는 자리가 상석이다.
- 차 상석은 최상석의 맞은편 자리이다.
- 연장자나 모임의 주체가 되는 사람이 도착 전이라면 상석을 비워둔다.
- 술자리에서 먼저 일어나는 경우는 사전에 양해를 구한다.

(2) 술을 권하고 받을 때 매너

- 윗어른나 상사에게 먼저 잔을 올리는데 이때 "제가 한 잔 올려도 되겠습니까?" 하고 묻는 것이 예의이다.
- 두 무릎을 꿇고 오른쪽 무릎을 세운 자세로 따르며, 테이블인 경우에는 일어선 자세로 따른다.
- 잔을 올릴 때 왼손으로 오른손 손목을 가볍게 받치고 따른 다음, 예전에는 술잔을 받고 난 뒤에는 곧바로 연장자에게 술을 권하는 것이 상례이나 요즘에는 건강상의 이유로 거절하는 경우가 있기 때문에 반드시 상대에게 확인한 뒤 술잔을 권해야 한다.

(3) 술잔 받기

- 술자리에서 술을 잘 마시지 못한다는 이유로 술잔을 받지 않는 것은 결례가 될 수 있으므로 술잔을 입술에 대는 정도로 예를 표한다.
- 술잔을 오른손으로 받으며, 이때 가볍게 목례를 하며 감사를 전한다.
- 술잔을 받은 후 바로 내려놓는 것이 아니라 입에 대는 정도의 예의를 표하고 내려 놓는다.
- 술잔의 3분의 1 정도는 항상 남겨놓고 다른 사람이 권할 때 비우고 받도록 한다.

- 시대적 상황에 따라 상황에 맞는 예의가 필요하다.

(4) 술 마시기

- 다른 사람이 술을 들기 전에 먼저 마시지 않는다.
- 상급자나 나이가 많은 사람 앞에서는 얼굴을 살짝 돌려서 마신다.
- 술이 독하거나 쓰다고 눈살을 찡그리거나 소리를 내지 않도록 한다.

4) 경조사 매너

- 사회생활에서 경조사에 참석하면서 사람에 대한 신뢰감을 쌓고 좋은 인간관계를 유지할 수 있다.
- 경조사는 사람이 살아가면서 겪게 되는 사건으로서 경사스러운 일이 생기면 축하해 주고 같이 나누며, 궂은 일이 생기면 슬픔을 나누는 공동체적 상부상조의 문화이다.
- 경조사에 있어 상부상조의 행위는 정서적으로 그리고 경제적으로 어려운 문제들을 해결하는 데 도움이 되어왔으며, 오늘날에는 사회생활을 영위하는 일환으로 사회 구성원들에게 행동의 방향을 제시하는 예절로 일정의 규범적 성격을 띤다.
- 직장생활에서 지켜야 할 경조사 매너에 대한 올바른 방법과 바른 인식을 가지고 좋은 인간관계를 유지할 수 있도록 한다.

(1) 결혼

- 결혼을 축하하는 경우는 직장동료나 선후배 혹은 직장상사의 자녀의 결혼에 참석하는 것으로 당사자나 그의 부모에게 축하의 인사말과 축의금을 전하는 것이다.

- 결혼식은 가장 흔히 참석하게 되는 경사로 사회생활에서 개인적으로나 비즈니스적으로 결혼식에 초대를 받게 되면 참석하면서 사람에 대한 신뢰감을 쌓고 좋은 인간관계를 유지할 수 있다.
- 결혼식은 10분 전에는 도착해 여유 있게 예식을 기다리는 것이 예의이다.
- 의상은 밝고 화사한 옷으로 입되 흰색은 피하고, 남성의 경우 정장에 밝은 색 타이로 화사하게 연출한다.
- 축의금 봉투의 앞쪽에는 축하 문구를 쓰고, 뒤쪽 아래에는 보내는 사람의 이름을 적고 봉하지 않는다.
- 선물을 할 경우, 사전에 필요한 것을 물어보고 선물하는 것이 더욱 성의 있고 기억에 남는 선물이 될 수 있다.
- 식장 내에서 신랑, 신부에 대한 험담을 하지 않는다.
- 축결혼(祝結婚), 축화혼(華婚) 등의 말을 쓴다. 축결혼은 남자에게, 축화혼은 신부에게 쓰는데 결혼을 아름답게 칭하는 말이다.
- 나와 동일하거나 아랫사람에게는 축결혼을, 어렵거나 윗사람일 경우는 축화혼이 예의에 맞다.
- 요즘은 결혼식장 입구에 미리 문구가 프린트 되어 있는 봉투가 준비 되어 있는 경우가 많다.

(2) 출산

- 출산 소식을 들은 후에 바로 방문하는 것은 실례가 될 수 있으므로, 3주 정도 지난 후에 방문하는 것이 바람직하다.
- 선물은 필요한 것을 물어 본 후에 준비하는 것이 무방하다.
- 우선 축하 인사를 전한 후 궁금한 것이 있는 경우 질문한다.
- 방문 후 오래 머무르지 않는다.
- 방문 시 특히 청결에 신경 쓰며, 아기를 너무 만지거나 안지 않는다.

- 산모와 가족들에게 출산과 관련하여 의미 없는 소문, 미신을 전하지 않는다.

(3) 돌잔치

- 돌은 어린 아이가 태어난 날로부터 한 해, 즉 생후 일주년을 일컫는 말이다.
- 영아를 기념하고 영아 사망률이 높았던 옛날에는 생후 1년 동안 아이가 무사히 첫 생일을 맞이한 것을 기념하고 지나기를 바라는 뜻에서 잔치를 열었다.
- 초대받은 사람은 아이의 돌을 축하하는 인사말을 하고 아이의 옷이나 반지, 축하금 등을 선물하는 것이 좋다.

(4) 문상

- 사회생활에서 경조사에 참석하면서 사람에 대한 신뢰감을 쌓고 좋은 인간관계를 유지할 수 있다.
- 조상은 죽은 이에게 예를 표하는 것이다.
- 조문은 상주나 상제에게 위로의 말과 인사를 하는 것을 말한다.
- 문상은 조상과 조문을 함께 이르는 말이다.
- 문상을 갈 때에는 검정색 옷이 예의지만 그렇지 못할 경우 내가 가지고 있는 옷 중에 가장 어두운 색의 옷을 입고 가도록 한다.

- 남자의 경우 흰색 드레스 셔츠를 입는 것이 좋고, 여성의 경우는 너무 붙는 의상이나 짙은 화장, 액세서리는 피하도록 한다.
- 남녀 모두 양말이나 스타킹을 갖추어 신어 맨발로 절하지 않도록 하며, 양말과 스타킹의 색상은 검은색이 좋다.
- 상제들의 피곤함을 생각하여 너무 이른 시간이나 너무 늦은 시간에는 피하도록 한다.

- 영전에 꿇어앉거나 서서 향을 피운다.
- 잠시 명복을 비는 묵념을 한다.
- 절을 두 번 올리고 일어서서 반절을 한다.
- 종교가 있는 사람은 종교 의식에 따라 기도 또는 묵념을 한다.
- 상주에게 맞절을 한다. 일어서서 뒷걸음으로 몇 발자국 물러난 다음 몸을 돌려 나온다.
- 헌화를 하는 경우 헌화할 꽃을 받거나, 한송이 집고 가슴 앞쪽에 들고 영전 앞으로 간다.
- 두 손으로 영전에 천천히 올려놓되 고인에게 꽃을 드린다는 의미에서 조문객 쪽으로 꽃봉오리가 향하게 올린다.
- 물러서서 묵념 또는 기도를 한다.
- 상주 앞으로 와서, 서서 정중례를 한 다음 위로의 말을 전한다.

3. 글로벌 매너

- 글로벌 시대에 맞게 다양한 문화를 존중하고, 배려하는 매너가 중요하다.
- 글로벌 시대를 살아가는 성숙한 문화와 서비스인으로서 갖추어야 할 예의범절이라고 하겠다.

1) 출장매너

(1) 공항매너

❶ 여권

- 국적, 신분을 증명하고 해외에서 편리도모와 보호를 의뢰하는 증명서이다.
- 해외여행 결격사유가 없는 대한민국 국민은 누구나 여권을 발급받을 수 있다.
- 발급 유효기간에 따라 단수여권과 복수여권이 있다.

❷ 비자

- 출국 전에 도착국가에 따라 미리 비자를 발급받아야 한다.
- 비자는 목적, 체류기간, 입국 횟수에 따라 달라지며, 체류기간에 따라 비자가 면제되는 나라가 있으니 도착 국가에 따라 비자유무를 알아본다.

❸ 출입국 절차

- 공항에는 비행기 출발시간 2시간 전에 도착하여 탑승수속을 밟는다.
- 미리 항공사의 수화물 허용 무게를 확인해 놓는다.
- 고가의 휴대품이나 미화 1만 달러 이상을 소지한 경우는 출국 전에 세관 신고를 해야 한다.

(2) 기내매너

- 승무원에게 탑승권을 보여주고, 지정된 좌석에 앉으며, 통로에는 개인물품을 놓지 않는다.
- 좌석등받이를 뒤로 넘길 경우는 뒷자석의 승객에게 피해가 되지 않는지 확인한다.
- 좌석을 옮겨 앉을 시에는 승무원에게 양해를 구한 후 이동한다.
- 신발이나 양말을 벗는 것은 옆자리 승객에게 불쾌감을 줄 수 있다.
- 목적지에 도착하면 먼저 나가려고 사람들을 밀거나 뛰지 않는다.
- 객실에서 식사할 때는 다른 승객에게 피해가 가지 않도록 하며, 식사 중에는 이동을 삼간다.
- 식사 중에는 등받이를 제자리로 한다.
- 기내에서는 과음이나 과식을 삼간다.
- 기내화장실 사용 시는 사용 유무를 꼭 표시한다.
- 화장실 사용 후 뒤처리를 깨끗하게 한다.

2) 호텔매너

(1) 기본 예절

- 직원에게 함부로 행동하거나 말하지 않는다.
- 금연 지역(복도, 객실 등)에서는 반드시 금연한다.
- 여권이나 현금 및 귀중품은 호텔 프론트의 세이프티박스(Safety Box)에 보관하고 이동하는 것이 좋다.
- 예약 일정이 변경되면 미리 알린다.
- 객실 내에서는 취사를 금한다.
- 방문을 열어놓은 상태로 떠들거나, 다른 객실이 열려 있어도 기웃거리지 않는다.

(2) 객실 예절

- 객실이용 고객들을 위해 무료로 제공하는 각종 편의 물품을 어메니티(Amenity)라고 하며, 어메니티는 숙박 요금에 일부 반영되기 때문에 호텔을 이용하는 고객 눈높이를 고려하여 제공되는 편이다.
- 호텔 객실문은 자동 잠금 장치가 되어 있으므로 외출 시 반드시 객실키를 챙기도록 한다.
- 호텔 객실 내 비치되어 있는 미니바(Mini Bar)의 경우는 보통 생수 2병 정도를 어메니티로 제공하고 나머지 맥주, 탄산음료 등의 식음료를 유료로 제공하고 있으므로 유의하여 이용한다.
- 호텔 예약확인 및 체크인·체크아웃·호텔예약은 대행사를 통한 경우와 직접 인터넷예약으로도 이용이 가능하다. (예약을 취소할 경우 늦어도 48시간 전에는 사전 통보를 해야 위약금을 받을 수 있는데 예약 시 호텔 내 환불규정을 확인하도록 한다.)
- 체크인은 정오에서 오후 2시 사이에 이루어지는 것이 일반적인데, 오후 6시를 기점으로 연락이 닿지 않으면 취소될 수 있으므로 늦어지게 될 경우 사전에 연

락을 취하도록 한다.

- 체크인을 하게 되면 개인 신용카드를 등록하고 객실키 및 조식쿠폰(패키지에 따라 상이함)을 받게 된다.
- 호텔에 따라 체크인 시 보증금(deposit)을 미리 내는 경우가 있으며, 현지 화폐나 신용카드를 오픈하는 경우도 있다.
- 체크아웃 시 호텔이용요금을 제외한 후 모두 돌려받을 수 있기 때문에 deposit을 원하는 경우를 대비하여 현금이나 신용카드를 반드시 준비한다.
- 체크아웃은 오전 11시부터 정오를 기준으로 진행 시간이 길어질 경우 할증수수료가 붙는다.
- 객실에서 사용한 유료비품들이 확인 절차가 모두 이루어진 후 마무리된다. 다만, 제공되는 일부 소모품 이외에 객실 내 비치된 물건을 고의로 가지고 나가는 행위는 절대 있어서는 안 된다.

팁(TIP)

팁은 제공받은 서비스에 대해 감사하다는 의미로 주는 감사의 표시이다.

팁의 금액은 너무 적거나 많으면 오히려 매너에 어긋날 수 있으므로 상황에 맞게 적절한 금액을 전달한다.

나라별로 팁 문화에 차이가 있기 때문에 방문 전에 알아보는 것이 좋다.

3) 관람매너

(1) 미술관, 박람회

- 전시에 전시품은 눈으로만 감상한다.
- 여러 사람이 함께 관람하는 경우는 주변에 방해되지 않도록 이동한다.
- 안내원의 지시에 따르며 질서를 지킨다.

(2) 극장, 음악회, 뮤지컬

- 공연이 시작하기 20분 전에 도착해서 착석한다.
- 좌석에 찾아들어갈 때 이미 앉아 있는 관람객에게 피해가 가지 않도록 양해를 구하면서 옆으로 조심스럽게 들어간다.
- 공연 중에는 휴대폰의 전원을 끄고, 책자를 뒤적이지 않는다.
- 복장은 정장과 구두를 착용하는 것이 예의이다.
- 공연 중에 도착했다면 막이 끝날 때까지 기다렸다가 중간 휴식시간에 들어간다.
- 남녀 동반 시는 남성이 통로 쪽에 앉는다.
- 공연 중에는 대화를 나누거나 통화하지 않는다.
- 착용 중인 모자는 벗어서 뒷좌석 관람객의 시야가 가려지지 않게 한다.

Worksheets

1. 학교와 일상생활에서 서로 지켜야 할 매너에 대해서 정리하고 공유해 봅시다.

MEMO

PART 3

서비스 공감

Chapter 7. 불만고객 응대

Chapter 8. 성격 유형별 고객 응대

Chapter 9. 감성 서비스

Chapter

7

불만고객 응대

학습목표

- 컴플레인과 클레임의 차이를 알고 이해한다.
- 고객불만의 원인을 학습하고 불만고객을 이해한다.
- 불만고객의 중요성과 가치를 인식하고 고객을 응대한다.

1. 불만고객의 이해

1) 컴플레인과 클레임

- 컴플레인과 클레임은 비슷한 의미로 사용이 되지만 컴플레인과 클레임의 차이점은 그 관점에 있다고 본다.
- 클레임이 객관적인 문제점에 대한 지적이라고 본다면, 컴플레인은 불만족스러운 고객 서비스, 직원/점원의 태도에 대한 주관적인 문제에 대한 지적이다.

(1) 컴플레인

❶ 의미

- 고객이 상품의 질이나 서비스 따위에 불만족하여 제기하는 불평을 말한다.
- 컴플레인의 사전적 의미는 '불평하다'라는 의미를 가지고 있으며 고객의 주관적인 평가로 불만족스러운 서비스나 직원의 서비스 태도가 불친절했을 경우, 상품이나 물품의 구입 전에 불만을 제기하는 경우에는 '컴플레인을 걸다'라고 표현한다.

❷ 구분

- 주관적 불평, 불만
- 감정에 내재된 주장, 사실, 요구의 표현
- 커뮤니케이션의 심리적 감정

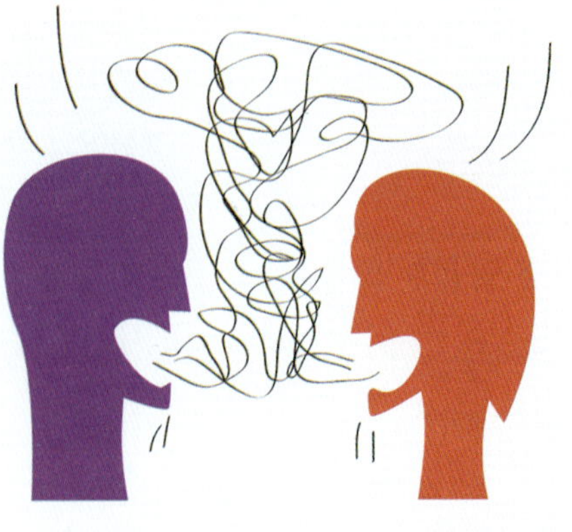

(2) 클레임

❶ 의미

- 구매한 물건 또는 제품에 문제나 하자가 있을 경우 이의를 제기하거나 손해배상을 의미한다.
- 구입한 물건의 포장을 뜯었을 때 제품이 파손되어 있거나 음식 재료를 구매하였는데 곰팡이가 피어 있거나 유통기한이 지난 상품을 판매하는 등의 대물에 대해 소비자가 손해를 필두로 하는 손해배상 청구를 통틀어 말한다.

❷ 구분

- 객관적 주장, 요구
- 법적 규정 등의 근거
- 합리적 사실 근거

〈표 7-1〉 컴플레인과 클레임

컴플레인	클레임
• 주관적 불평, 불만 • 감정에 내재된 주장, 사실, 요구의 표현 • 커뮤니케이션의 심리적 감정	• 객관적 주장, 요구 • 법적 규정 등의 근거 • 합리적 사실 근거

컴플레인과 클레임

식당에서 음식을 시켰는데 머리카락 등의 이물질이 들어 있는 경우, 이것에 대한 문제를 제기하는 것은 클레임이다. 그러나 여기에 직원의 응대 태도가 정중하지 못한 태도로 "저희는 그럴 리가 없습니다. 그건 손님 머리카락 일겁니다" 등의 무성의한 태도를 보여서 고객의 감정이 이입되어 태도에 지적하는 것은 컴플레인이다.

소비자 알고도 눈감은 클레임, '○○기업의 곰팡이 주스' 늑장대응에 …결국 사과

○○유업이 생산한 어린이용 주스제품에서 곰팡이가 발견돼 소비자 항의가 잇따르자 해당제품 판매를 중단하고 모두 폐기하기로 했다.

지난 14일 소비자 A씨는 네이버 카페에 ○○유업이 생산한 주스제품에서 곰팡이가 폈다는 내용을 게시하고 ○○유업 상담실에도 전화를 걸어 항의하고 환불을 요구했다.

이 회사의 관계자는 "해당 제품이 종이로 만든 캔으로 포장되다 보니 약해서 유통과정에서 던지거나 떨어트리면 터지는 경우가 생겨 누유가 생기고 이를 상온에 보관하다 먹을 경우 곰팡이가 생길 수 있다는 사실을 파악했다"고 말했다.

곰팡이 주스의 파장이 커지자 회사측은 해당 제품의 판매를 전면 중단하고 제품을 갖고 있는 고객들에게는 제품의 환불도 약속했다.

이 회사는 18일 자사 인터넷 홈페이지에 올린 사과문을 통해 "'아이꼬야 우리아이주스 레드비트와 사과' 제품에서 곰팡이가 발견됐다는 클레임으로 고객께 심려를 끼쳐드려 진심으로 사과드린다."고 공식 사과 했다.

곰팡이 발생원인과 관련해 ○○유업은 "내 외부 전문기관의 조사결과 해당제품의 문제점은 제조과정이 아닌 배송 중 발생한 핀 홀 현상으로 밝혀졌다"며 "제품의 용기는 종이 캔으로 배송과 운송과정에서 예상하지 못한 취약점이 발견됐다"고 해명했다.

이 회사는 소비자 제보가 접수되기 전에도 여러 차례 다른 소비자의 고발과 신고가 있었지만 그동안 조치를 미뤄온 것으로 알려졌고 이 과정에서 일부 소비자들은 회사에 거세게 항의하는 일도 빚어졌다.

회사가 곰팡이 발생에 대해 늑장 대응하는 사이 피해는 잇따랐고 14일 온라인 카페에까지 글이 올라가는 등 그 이후의 더욱 더 파장이 더욱 커지고 있다.

출처: dlworll@daum.net
https://www.nocutnews.co.kr/news/5091894

2) 불만고객의 원인

- 고객이 불만을 제기하는 원인은 크게 제품 자체의 문제, 직원서비스의 문제, 고객 자신의 문제로 분류될 수 있다. 고객 자신의 문제야 어쩔 수 없겠지만 제품과 서비스 차원의 문제는 개선의 여지가 있는 부분이다.
- 미국품질관리학회(ASQCI)는 구체적으로 제품의 품질 14%, 경제적 이유 9%, 주변사람 영향 5%, 이사 3%, 사망 1% 조사한 바 있다.

(1) 회사(제품)의 문제

- 제품 자체의 결함
- 규정과 시스템의 불편과 부재

(2) 직원의 문제

- 직원의 불친절
- 수준 낮은 서비스
- 업무지식 부족
- 업무처리 미숙
- 직원의 응대 미숙

(3) 고객의 문제

- 지나친 기대
- 오해, 편견
- 제품에 대한 정보 부족
- 고객의 부주의

3) 불만고객의 중요성

- 고객의 불만은 상품의 결함이나 문제점을 조기에 파악하여 그 문제가 확산되기 전에 신속히 해결해 줄 뿐만 아니라 부정적인 효과를 최소화하는 데 매우 중요하다.
- 고객의 만족관리보다 더 중요한 것은 고객의 불만족을 관리하는 것이다.

(1) 불평은 고객이 무엇을 원하는지 가르쳐 준다

- 아무리 고객서비스를 잘 하고 있다고 하더라도 직원 스스로 알지 못하는 부족한 부분이 있게 마련이다. 따라서 고객이 불평을 터놓을 수 있도록 오히려 장려하여 불평에 귀 기울이는 노력이 필요하다.
- 불만족 고객이 직접 기업이나 판매업자나 종업원에게 불평을 말할 수 있도록 유도해야 한다.
- 고객의 불평은 서비스를 개선하기 위해 매우 중요한 정보가 된다.
- 불만고객이 발생한 경우라면 빙산의 일각처럼 불만을 기업에 통보하지 않는 고객들이 훨씬 많다는 점이다.
- 불만은 직접적으로 기업에 제기하지 않는 고객은 92%, 직접 기업에 표현하는 고객은 8%이다. 빙산이 8분의 1만이 수면 위로 보이고 나머지 수면 아래서 보이지 않는 것이 많다는 것을 인지하는 것이 중요하다.

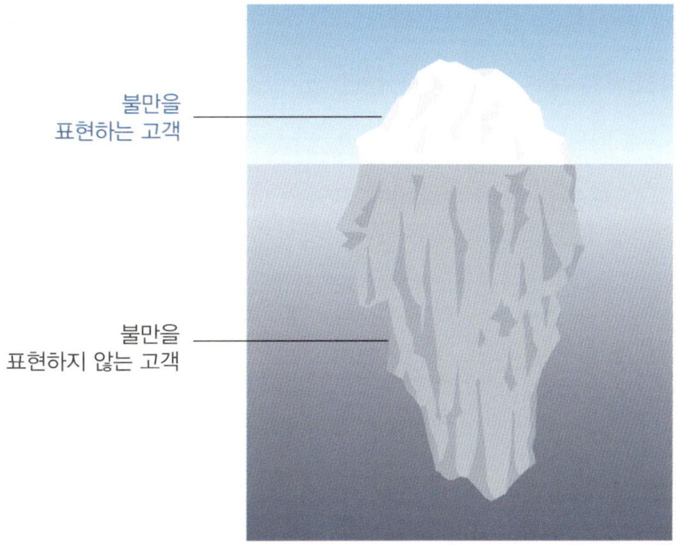

(2) 부정적인 구전효과를 최소화시킨다

- 불만사례가 전해지는 과정에서 "입소문"이 눈덩이처럼 불어나기 때문이다. 대개 나쁜 입소문은 실제보다 과장되어 전해지기 마련이다.
- 불만고객은 만족한 긍정적인 전파보다는 불만의 부정적인 구전을 주변에 알리는 편이며, 동료들에게 적극적으로 알리는 경향이 있다.
- LG경제연구소의 연구결과에 따르면 만족한 고객은 통상 4~5명의 사람에게 그 사실을 전달하고 불만족한 고객은 9~10명에게 그 사실은 전달한다고 한다.
- 불만족의 경험의 단계가 거듭된다면 그 구전 파급력은 매우 클 것이다.

(3) 고객의 유지율을 증가시킨다

- 미국의 소비자 관련 회사인 TARP(Technical Assistant Research Program)의 연구에 따르면 제품이나 서비스에 만족한 고객들보다 불만족스러웠던 고객이 적절한 대응을 통해 만족하게 되었을 때 보다 더 충성스런 고객이 된다고 한다.
- 그것도 얼마나 빨리 대응하여 문제를 해결하느냐에 따라 충성도가 다르게 나타났다고 한다. 따라서 고객만족을 추구하는 기업이라면 불만고객을 소중하게 여기고 이를 신속하게 해결할 수 있는 직원들의 마인드와 자체적인 시스템을 완비해야만 한다.
- 불만고객의 응대가 기업과 직원, 서비스하는 스스로에게 손해를 준다는 직원들의 생각을 뒤집어 엎을 수 있을 만큼의 꾸준한 교육과 제도적 뒷받침을 해야 한다.

■ 美기술지원연구소(TARP: Technical Assistance Research Program)의 '고객불만 조사 보고서' 中에서

- 평균적으로 불만이 있는 고객의 50% 이상이 누구에게도 불평을 토로하지 않는다.
- 불만이 있는 고객 중 20%는 거래처를 옮긴다.
- 일반적으로 고소득자일수록, 젊을수록, 교육을 더 많이 받을수록, 재정적으로 중요할수록, 고객에게 중요할수록 불만의 토로회 수와 강도가 높다.
- 경영층에 전달되는 고객의 불만은 전체의 5% 미만이다.
- 불만을 토로하기 어려워 말하지 않는 것이지 불만이 없어서가 아니다.
- 불만을 토로하는 고객들은 평균적인 고객에 비해 2배 이상 구입하는 고객이다.
  → 불만을 토로하는 고객들이 더 가치 있는 고객이다.
- 고객불만이 해결되지 않는 고객은 고객불만을 해결한 고객보다 2배 이상 더 많은 사람에게 구전한다.

(4) 기업에 가치를 제공하는 가치제공자이다

- 새로운 아이디어의 제공자이다.
- 고객의 기대와 요구를 알게 해 준다.
- 관심이 있는 충성고객의 가능성이 있다.
- 회사의 불편이 개선되기를 바라는 사람이다.
- 무료 모니터링 해 주는 사람이다.

4) 불만고객의 원인

- 스마트기기와 SNS의 급격한 확산으로 고객의 불만 표현 방법은 기존과 달라지고 있다.
- 다양한 채널을 통해 불만경험에 대한 공유가 실시간으로 공유되고 전파되는 양상을 보인다.

(1) 다양한 불만 소통 플랫폼

- 고객은 불만을 인터넷과 스마트폰 등의 다양한 소통 플랫폼을 통해 제기하고 실시간으로 전파한다.

- 이것은 또 다른 고객에 대한 반응, 응대, 댓글에 따라 전파속도를 제어하기 힘들어지는 상황을 초래하기도 한다.

(2) 불만고객의 온라인 집단화

- 다양한 플랫폼을 바탕으로 형성된 온라인 커뮤니티가 급격히 증가하면서 그 힘도 확대되고 강력해지게 되었다.
- 이들은 소비자의 권리를 행사하기도 하며, 정부의 소비자 집단분쟁 조정제도를 통해 파급효과가 더욱 확대되고 있는 추세에 있다.

(3) 불만품목의 다양화

- 스마트기기의 발달로 불만의 품목의 종류와 순위도 바뀌게 되고 다양해지고 있다.

(4) 1인 고객의 영향력

- 고객의 불만은 인터넷과 스마트폰, 소셜미디어 등을 통해 실시간으로 인원의 제한없이 전파가 가능해지고 있다. 소통 플랫폼의 영향력 또한 스마트세대에서 기성세대로 확대되어 전 연령이 가능해지고 있다.

소비자 집단 분쟁 조정제도

다수의 소비자에게 같거나 비슷한 유형의 피해가 발생했을 경우, 일괄적으로 분쟁조정을 할 수 있는 제도

- 한국소비자원 내에 설피된 소비자분쟁조정위원회에서 처리
- 조정대상이 되는 사건은 대상 소비자의 수가 50인 이상인 경우에 해당
- 공동의 이익을 대표할 수 있는 당사자 1인 또는 수인이 필요하며, 소비자 스스로 선임하지 못할 경우 위원회의 결정으로 선임가능

출처: 박영제, 강인호, 우경진(2006) · 환대산업 서비스 경영 | 최은실(2008). 소비자 집단분쟁 조정제도의 현황과 전망, 경쟁법연구, 제 17권

불만고객을 줄이고 친절응대를 위한 노력

■ 친절실명제

친절책임자가 누구인지를 밝히는 이름과 사진을 게시하고 고객에게 판매사원이나 서비스직원의 명함을 주어 서비스 책임소재를 밝히게 하여 고객 불만을 줄이는 제도이다.

■ 친절 핫 라인

고객 응대 시 불친절하거나 서비스에 불만이 생길 경우 고객이 최고경영자 또는 책임자에게 직접 의견을 말할 수 있는 장치를 마련하는 제도이다.

■ 옐로우 카드

고객이 불편한 일을 당하거나 불친절을 경험했을 옐로우 카드를 제시하여 시정하는 제도로 백화점, 은행에서 시도되었던 제도이다. 고객이 직접 해당 직원에게 옐로우 카드를 제시하기가 현실적으로 쉽지 않으므로 안내데스크에 옐로우 카드를 비치하여 불친절한 직원의 이름을 적게 하거나 책임자에게 제시한다.

■ 라인스톱제도

서비스 라인에 있어서 어느 한 곳이라도 불친절하거나 서비스가 제대로 되지 않아 고객의 불만을 사는 등 문제점이 발견되면 마치 생산공장에서 라인을 스톱시켜 공장가동을 중지하는 것처럼 서비스 라인을 스톱시켜서 해당 직원을 교체하는 등 강력한 제재를 가하는 서비스관리제도이다.

2. 불만고객 응대

1) 불만고객 응대 원칙

- 고객이 불만을 제기하는 것에 대해 그것이 클레임이건 컴플레인이건 성의껏 처리해 주었을 때 고객은 크게 만족하게 된다.
- 회사의 신뢰도를 높여주고 고객과의 관계를 효과적으로 유지시켜주는 지름길이 된다.

(1) 피뢰침의 원칙

- 고객은 나에게 개인적인 감정이 있어서 화를 내는 것이 아니다.
- 일처리에 대한 불만 때문에 복잡한 규정과 제도에 대해 항의하고 있다는 관점을 가져야 한다.
- 불만고객을 응대하는 직원과 상담자도 피뢰침같이 직접 불만 섞인 다양한 고객들을 맞이하더라도 몸으로 흡수하고 회사나 제도에 반영한 후 다시 땅속으로 흘려보내도록 한다.
- 피뢰침과 같은 역할을 수행함으로써 회사와 조직에 상처를 입히지 않는다.

(2) 책임 공감의 원칙

- 고객의 비난과 불만이 나를 향한 것이 아니라고 하여 고객의 불만족에 대해서 책임이 전혀 없다는 말이 아님을 인지한다.
- 우리는 조직 구성원의 일원으로서 내가 한 행동의 결과이든 다른 사람의 일처리 결과이든 고객의 불만족에 대한 책임을 져야만 한다.
- 고객은 누가 담당자인지보다 나의 문제를 누가 해결해 줄 것인지가 훨씬 중요한 점을 인식한다.

(3) 감정통제의 원칙

- 고객을 응대하거나 전화를 받을 때 거친 고객과 만나다 보면 자신도 모르게 감정을 드러내는 경우가 발생하게 되나 자신의 감정까지도 통제할 수 있어야 한다.

(4) 언어절제의 원칙

- 고객의 말을 들어주는 것만으로도 고객들은 돌아가는 길에 좋은 느낌을 갖게 된다.
- 고객 상담에 있어서 말을 많이 하는 것은 금기시 되어 있다. 고객보다 말을 많이 하는 경우 고객의 입장보다는 자신의 입장을 먼저 고려하게 되기 때문이다.

(5) 역지사지의 원칙

- 고객의 입장에서는 자신에게 관심을 가져주는 직원과 회사에 호의적이다.
- 고객을 이해하기 위해서는 반드시 고객의 입장에서 문제를 바라봐야 한다.
- 고객은 우리의 규정을 알지도 못하고 그 규정의 합리적인 이유도 알지 못하며 업무가 처리되는 절차는 더욱 알지 못함을 인지하여 고객의 말에 귀 기울여야 한다.

2) 불만고객 처리 기법

(1) 불만고객 처리 원칙

❶ 우선사과의 원칙

- 불만고객은 일반적으로 화가 나 있다는 점에 유의하여 사과부터 정중히 한다.

❷ 우선파악의 원칙

- 불만고객의 원인을 먼저 파악하여야 한다.

❸ 신속해결의 원칙

- 가능한 한 빠른 시간 내에 해결하는 것이 좋다는 것을 인식하여야 한다.

❹ 비 논쟁의 원칙

- 고객과 논쟁하지 않는다. 자칫하면 오히려 문제를 키울 수 있는 소지가 많다.

(2) 불만고객 처리 프로세스

단계	내용	행동 및 유의사항
1단계	경청	• 고객의 입장에서 즉각적인 반응과 함께 듣는다. • 편견(선입견)에 사로잡히지 않는다. • 문제점을 메모한다.
2단계	사과	• 경청과 함께 솔직하게 사과한다.
3단계	원인분석	• 중심문제를 파악한다. • 중심적으로 배열한다. • 전례와 비교한다.
4단계	해결	• 회사방침에 적합한가 검토한다. (권한 외의 경우는 이관한다. 충분한 설명과 연락을 취한다)
5단계	약속처리	• 설명은 사실을 바탕으로 명확하게 한다. • 신속하게 처리한다. • 자기 혼자 처리했을 때는 그 결과를 검토한다. • 권한 외의 경우에는 해결책의 내용과 상대방의 반응을 검토한다.

(3) 불만고객 처리 기법

❶ MTP 기법

고객의 불평이나 불만의 처리방법으로 MTP기법이 자주 사용되고 있는데, 이는 사람(Man), 시간(Time), 장소(Place)를 바꾸어 처리하는 방법이다.

- Man (사람)을 바꾼다 – 누가 처리할 것인가?
  (예를 들어, 담당직원이 처리하던 것을 팀장이나, 또는 직원 처리하던 것을 상급자가 처리하는 것을 말한다)
- Time (시간)을 바꾼다 – 언제 처리할 것인가?
  (예를 들어, 즉각적인 답변보다는 시간 차이를 두고 답을 하거나, 시간이 소요되는 경우는 고객에게 중간에 알려드린다)
- Place (장소)를 바꾼다 – 어느 장소에서 처리할 것인가?
  (예를 들어, 영업장에서 하던 것을 응접실이나 사무실로 안내하거나, 여러 명의 고객 앞에서 하던 것을 일대일로 상담하고 처리한다)

❷ HEAT 기법

- H (Hear them out)
  고객이 불만을 털어놓을 수 있도록 끝까지 경청하는 것이 중요하며, 변명이나 말을 끊거나 건성으로 듣는 등 불성실한 태도를 삼간다.
- E (Empathize)
  고객의 불만에 선입견을 버리고 관심을 가지고 공감한다.
- A (Apologize)
  정중하게 진심으로 사과한다.
- T (Take responsibility)
  신속하게 해결책을 제시하고 처리하며 약속한다.

존 굿맨(John Goodman)의 법칙

① 제1법칙: 자신의 불만을 해결하여 만족하게 된 고객은 불만을 갖고 있지만 토로하지 않는 고객에 비해 동일 브랜드를 재구입할 가능성이 매우 높다.

② 제2법칙: 고충 처리에 불만을 품은 고객의 비우호적인 소문의 영향은 만족한 고객의 호의적인 소문의 영향에 비해 두 배나 강하게 판매를 방해한다.

③ 제3법칙: 소비자 교육을 받은 고객은 기업에 대한 신뢰도가 높아 호의적인 소문의 파급효과가 기대될 뿐 아니라 상품의 구입의도가 높아진다.

(4) 고객 특성에 따른 불만고객 응대

❶ 권위적이고 과시하는 고객

- 결단력 있고 요구도가 높으며 완고하고 엄격하며 능률적이다.
- 남이 얘기를 잘 끊고 경청하지 않는 편이다.
- 자신의 행동과 결정, 결과에 도움을 주는 사람에게 호감을 갖는다.
- 다혈질적으로 빨리 화를 내고 빨리 식으므로 요점만을 제시하고 결정은 본인 스스로 내리게 한다.

❷ 산만하게 불만을 표현하는 고객

- 충동적이며 열정적이고 규정에 얽매이는 것을 싫어한다.
- 사교적으로 수다스럽고, 세밀하게 숙고해야 할 내용에는 싫증을 낸다.
- 자기주장을 받아들여지게 하기 위해 감정에 호소하는 수도 있다.
- 자신의 직관에 도움을 주는 사람에게 호의적이다.
- 화를 내기 시작하면 자제하지 못하고 인신공격을 많이 하므로 무조건 들어 주는 것이 좋다.
- 관심을 갖는 시간이 짧기 때문에 흥미를 잃지 않도록 유의하여야 한다.

❸ 조용하게 장황하게 불만을 제기하는 고객

- 수동적이고 우유부단하며 내향적이고 우호적이다.
- 남의 얘기를 주로 듣고 질문을 받아야 의견을 말한다.
- 경쟁보다 양보를 택하고 단결력이 강해 집단에서 분쟁을 완화시키는 역할을 한다.
- 호의적인 사람에게 긍정적이다.
- 평소에는 온화하며 화가 나거나 불만이 있어도 말을 잘 하지 않는 편이나 화가 나거나 불만을 제기하기 시작하면 끝까지 해결을 보는 유형이다.
- 반박을 하지 않도록 주의하고 편안하고 친근감 있게 대한다.

❹ 이성적이며 전문가적인 표현의 고객

- 신중하고 비판적이며 고집이 세다.
- 경청하는 유형이며, 상황을 철저히 분석하려 한다.
- 발언이 너무 깊고 자세한 경우가 있다.
- 정확성을 중요시하므로 충실한 자료와 근거를 제시하는 사람에게 호의적이다.
- 일단 화가 나면 그 이유에서부터 무엇이 불만인지 또 그 내용까지 조목조목 따지므로 시간적 여유를 두고 응대하는 것이 좋다.
- 자료를 제시하고 애매한 일반화는 피한다.

Worksheets

1. 최근에 경험했던 불만사례들을 생각하고, 불만의 원인에 대해서 정리해 봅시다.

불만사례	
불만원인	

2. 내가 만약 서비스 직원이라면 위의 불만사례를 어떻게 처리할 것인지 불만고객처리 프로세스에 맞게 정리해 봅시다.

단계	내용	행동·말·유의 사항
1단계	경청	
2단계	사과	
3단계	원인분석	
4단계	해결	
5단계	약속처리	

MEMO

Chapter

8

성격 유형별 고객 응대

학습목표

- 성격과 행동의 기원에 대해 학습하고 이해한다.
- 조하리 창을 학습하고 설명한다.
- 자기와 고객의 성격 유형을 파악하고 특징을 설명한다.
- 성격 유형별 장·단점을 이해하고 고객 응대에 적용한다.

1. 성격의 이해

1) 성격의 이해

- 고객 응대에서 고객의 성격 유형을 파악하여, 고객의 마음을 읽고 이해하는 방법을 적용한다면 서비스 응대 업무뿐만 아니라 대인관계에서 행복도 느낄 수 있다.
- 고객의 성격 파악을 통해 바람직한 응대를 한다면 서비스와 회사의 생산성을 향상시키는 원동력이 될 것이다.

(1) 성격의 형성

- 성격 형성에는 유전적 요인(heredity factor)과 환경적 요인(environmental factor)이 모두 영향을 주고 있다.
- 바람직하고 개성 있는 성격을 갖고 싶은 것은 모든 사람의 바람이다.

(2) 성격 이해의 주의점

- 어느 누구도 극단적인 성격의 특성을 지니고 있지는 않다.
- 또한 어떤 성격이 바람직한가에 대한 판단 역시 주어진 환경에 따라 달라질 수 있음을 인지해야 한다.
- 'A'라는 유형 성격의 사람이 'B'라는 유형 성격의 사람보다 과업 수행이 뛰어나다 해도 인간관계나 고객 응대에 있어서는 성급함과 공격적인 성향을 보일 수도 있기 때문에 상황에 따라서 장점과 단점의 발현이 다르게 될 수 있음을 인지해야 한다.

2) 행동의 기원

(1) 성격 행동의 기원

- 사람은 태어나 성장하면서 각기 다른 동기와 환경적 배경에 의해 나름대로 일정한 방식으로 행동을 취하게 된다.
- 그것이 자신만의 '성향'으로 자신의 삶 속에 자연스럽게 녹아들게 된다.
- 이것을 사람들 각각의 '행동패턴' 또는 '행동 스타일'이라고 한다.

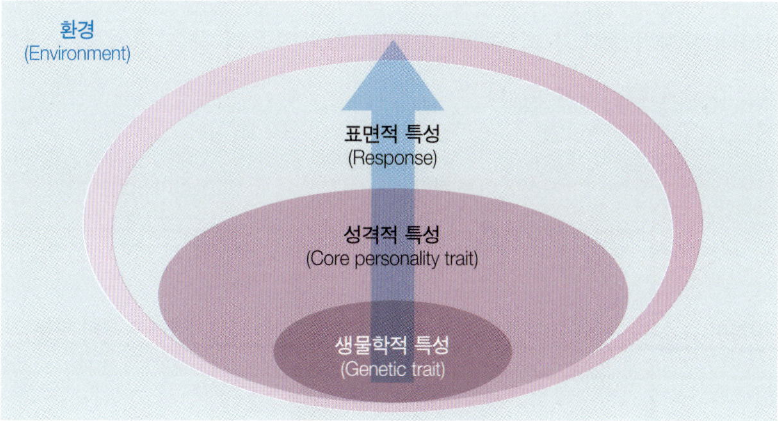

[그림 8-1] 행동의 기원

(2) 성격 행동 유형 특징

대부분의 인간은 다음과 같은 행동 유형을 가지고 있다.

- 사람들은 서로 다른 행동의 경향성을 가지고 있다.
- 우리는 모두 각자 다른 방식으로 사람들을 본다.
- 사람들 간의 차이는 나쁜 것도 좋은 것도 아니다. 단지 다를 뿐이다.
- 우리는 객관적으로 사람을 보아야 한다. 다른 사람과의 행동유형의 차이에 대한 선입견을 가져서는 안 된다.
- 우리는 사람과의 관계에서 어떤 행동은 편안하게 느끼고, 어떤 행동은 불편하게 느낀다.
- 관계에서의 불편함은 긴장을 야기한다.

3) 조하리의 창

- 조하리의 창(Johari's window)은 Joseph Luft와 Harry Ingham이라는 두 심리학자에 의해서 개발된 개념으로 자아 개방에 큰 틀을 제공하고 있다.
- 조하리의 창은 자기 공개와 피드백의 특성을 보여 주는 개방된 공개적 영역(Public), 깨닫지 못하는 맹목적 영역(Blind), 숨겨진 영역(Hidden), 아무도 모르는 미지의 영역(Unknown) 네 가지 영역으로 구분된다.
- 일반적으로 사람마다 마음의 창의 모양이 다르다. 또한 개인이 대인관계에서 나타내는 자기 공개와 피드백의 정도에 따라 마음의 창을 구성하는 네 가지 영역의 넓이가 달라지게 된다.

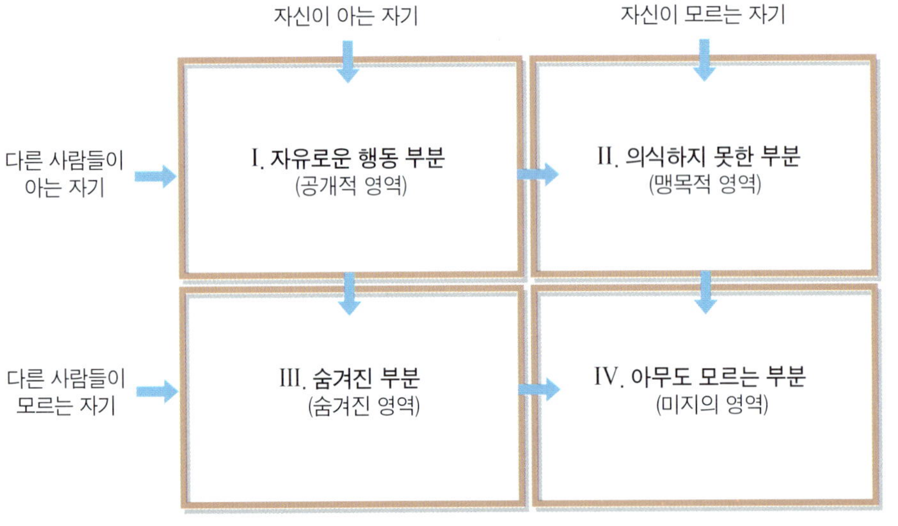

[그림 8-2] 조하리의 창

(1) 공개적 영역

- 남도 알고 자신도 알고 있는 공개적 영역이 넓은 개방형의 사람이다.
- 개인에 관한 정보가 자신이나 타인에게 공개적으로 개방되어 있어 내 자신에 대해 내가 아는 동시에 타인이 알고 있다.

- 자기표현을 잘 할 뿐만 아니라 다른 사람의 말도 잘 경청할 줄 아는 사람들로서 다른 사람에게 호감과 친밀감을 주어 인기가 있는 유형이다.
- 개방형의 사람은 대단히 원만한 대인관계를 갖고 있다.
- 다른 사람에게 관심을 가지기도 하며 자신의 의견이나 주장을 솔직하게 표현하는 유형이다.
- 대인관계에서는 이러한 유형이 바람직하다.

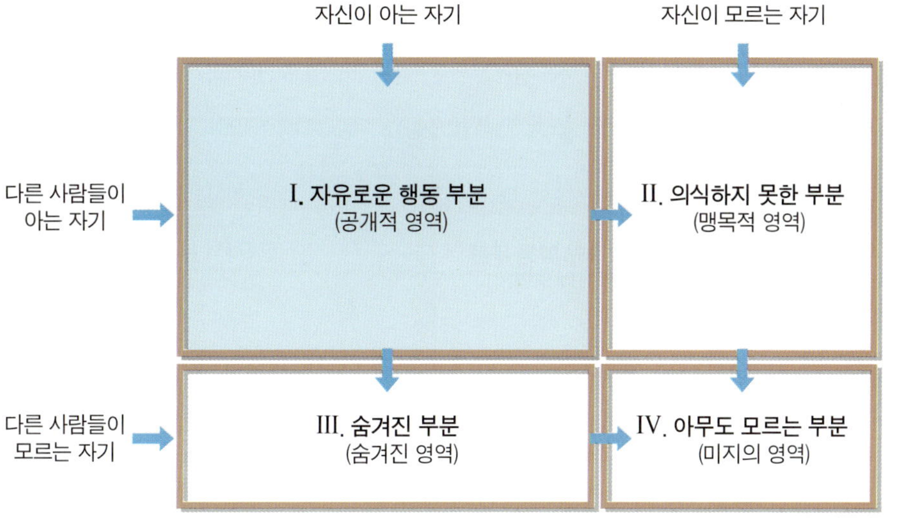

[그림 8-3] 조하리 창의 공개적 영역

(2) 맹목적 영역

- 남은 잘 알고 있으나 자신은 알지 못하는 영역이 넓은 사람이다.
- 대부분의 사람들은 이상한 행동습관, 특이한 말버릇, 독특한 성격과 같이 '남들은 알고 있지만 자신은 모르는 자신만의 모습'이 있는데, 이를 맹목적 영역이라 한다.
- 자신의 기분이나 의견을 잘 표현하며 자신감이 충만한 솔직하고 시원시원한 사람이다.

- 다른 사람의 말을 듣기보다는 자기가 말하는 것을 좋아한다.
- 다른 사람을 무시하는 독단적인 경향이 많아 상대방에게 독선적으로 비춰지기도 한다.
- 예를 들어, 다른 사람이 볼 때는 술에 취했는데 자신은 전혀 취하지 않았다고 주장하는 것이 이러한 맹목적 영역이 넓은 사람들의 대표적인 행동 경향이다.
- 자기 주장형은 말이 많거나 독단적인 사람이므로 자신의 말을 줄이고 상대방의 말에 관심을 갖고 귀 기울이는 태도를 가지는 것이 바람직하다.

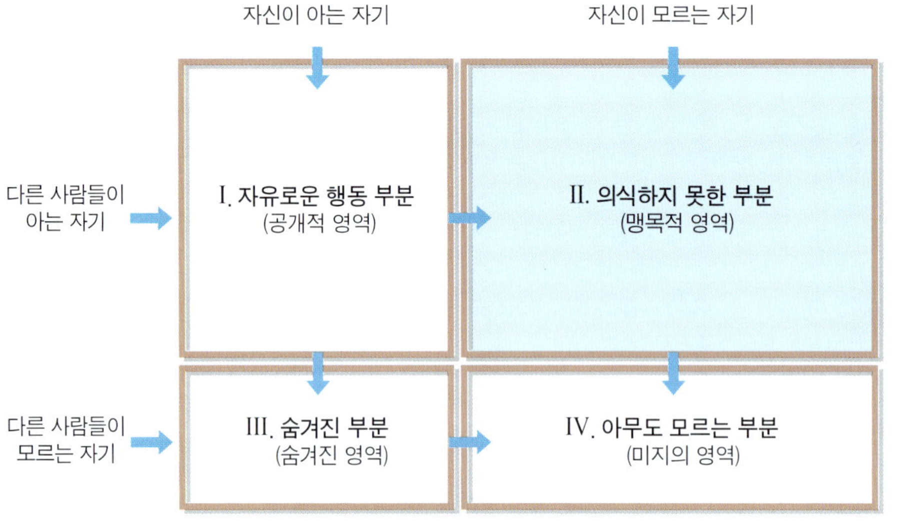

[그림 8-4] 조하리 창의 맹목적 영역

(3) 숨겨진 영역

- 나 자신은 알고 있으나 다른 사람들은 모르는 영역이다.
- 다른 사람에 대해서 수용적이며 속이 깊고 신중한 사람들이다.
- 말하기보다는 듣기를 좋아하며 매사에 비밀이 많아서 다른 사람이 접근하기 어려우며, 또한 다른 사람의 이야기는 잘 경청하지만 자신의 이야기는 잘 하지 않는 유형이다.

- 이들 중에는 자신의 속마음을 잘 드러내지 않는 사람이 많으며 계산적이고 실리적인 경향이 두드러진다.
- 자신의 약점이나 비밀처럼 다른 사람들에게 숨기는 나의 부분을 의미한다.
- 이런 사람은 잘 적응하지만 내면적으로 고독감을 느끼는 경우가 많으며 현대인에게 가장 많은 유형으로 알려져 있다.
- 이 부분에 대한 정보는 개인 스스로 알리려 하지도 않으며, 오히려 다른 사람들이 알지 못하도록 의도적으로 숨기기도 한다. 이 부분을 노출하게 된다면 다른 사람들이 자신을 싫어하지는 않을까 두려워하기 때문에 정보 노출을 꺼린다.
- 때문에 숨겨진 영역은 대인관계를 저해하는 요인이 될 수도 있다.
- 보다 솔직하고 확실하게 자신의 의견이나 주장을 내세우도록 노력해야 한다.
- 상대방에 대한 관심이나 경청은 많지만 자기표현이나 자기 개방을 잘 하지 않는 유형이므로 앞으로는 자신을 솔직히 드러내거나 자신의 의견 및 주장을 활발하게 펴는 노력이 필요하다.

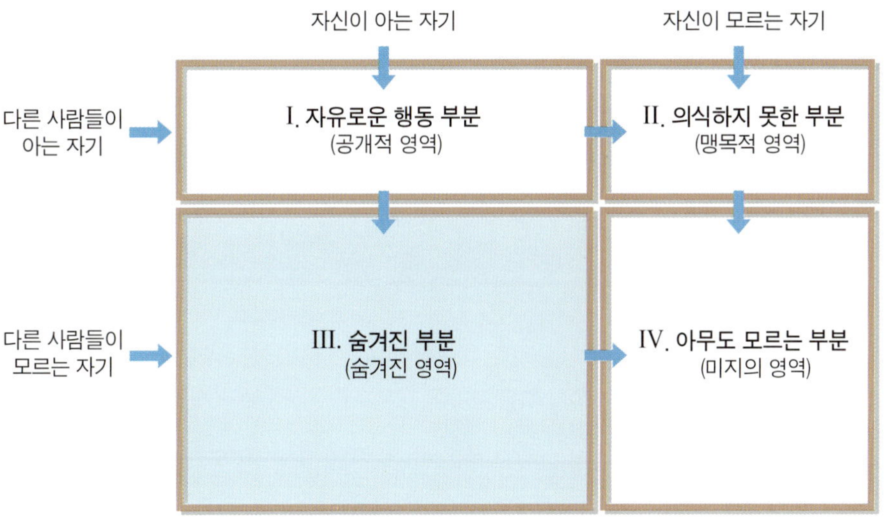

[그림 8-5] 조하리 창의 숨겨진 영역

(4) 미지의 영역

- 나 자신에 대해 자신이나 타인 모두가 모르는 상태로서 누구에게도 알려지지 않은 부분이다.
- 심층적이고 무의식의 정신세계처럼 우리 자신에게 알려져 있지 않은 부분이 바로 이 미지의 영역이다.
- 미지의 영역이 넓어서 고립되기 쉽고 매사 소극적으로 보이는 유형이다.
- 다른 사람과 접촉하는 것을 불편해 하거나 무관심하여 고립된 생활을 하는 경우가 많다.
- 이런 유형 중에는 고집이 세고 주관이 지나치게 강한 사람도 있으나 대체로 심리적인 고민이 많으며 부적응적 삶을 살아가는 사람들도 많다.
- 대인관계에서 좀 더 적극적이고 긍정적인 태도를 가질 필요가 있다. 때문에 이러한 부분은 자신의 행동과 정신세계에 대한 지속적인 관심과 관찰을 통해서만 자신에게 발견될 수 있다.
- 자신의 의견이나 주장을 솔직하게 표현하고 다른 사람에게 관심을 갖도록 노력해야 한다.
- 자기표현이나 상대방에 대한 관심을 많이 기울여야 한다. 인간관계의 개선을 위해서는 일반적으로 미지의 영역을 줄이고 공개적인 영역을 넓히는 것이 바람직하다.

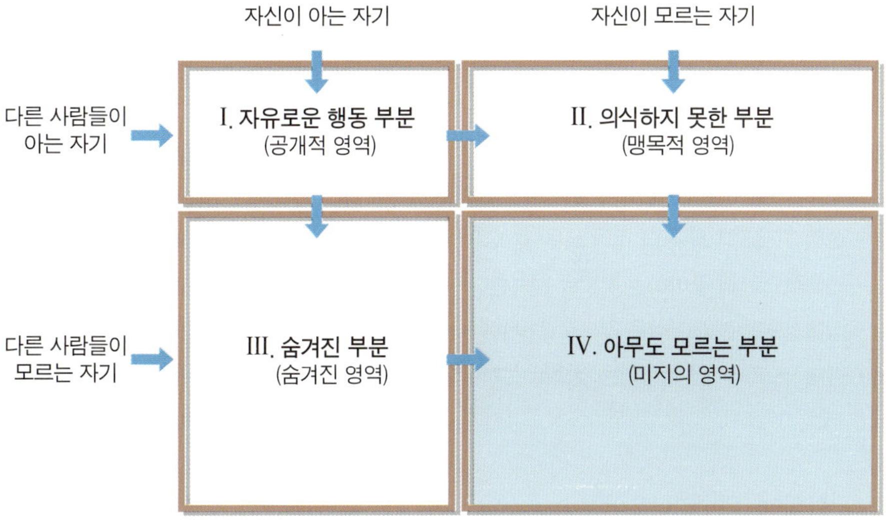

[그림 8-6] 조하리 창의 미지의 영역

2. 자기와 고객의 이해

1) 유형 특징

- 우리 속담 중에 '지피지기(知彼知己)면 백전불태(百戰不殆)', 즉 상대를 알고 나를 알면 백 번 싸워도 위태롭지 않다는 뜻으로, 상대편과 나의 약점과 강점을 충분히 알고 승산이 있을 때 싸움에 임하면 이길 수 있다는 말이다.
- 고객 응대에서 자신과 고객의 유형을 파악하게 되면 고객과 원만한 응대가 가능할 것이다. 그렇다면 나는 어떤 유형에 속할까? 상대방은 어떤 유형인가를 진단해 보자.

■ 유형 진단 시 주의할 점

- 차이는 다를 뿐이지 틀린 게 아니다.
- 심리적 선호를 선택한다.
- 더 지속적이고 일관성 있게 활용하는 것으로 선택한다.
- 선택적으로 더 자주 더 많이 쓰는 것으로 선택한다.
- 선택적으로 더 좋아하는 것으로 선택한다.
- 상대적으로 편하고 쉬운 것으로 선택한다.
- 상대적으로 더 쉽게 끌리는 것으로 선택한다.

(1) 외향과 내향의 차이

❶ 외향(External)성 사람들의 특징

- 외부 활동과 적극성이 있다.
- 폭넓은 인간관계를 갖는다.
- 다수와 있는 것을 좋아하고 편안해 한다.
- 말로 표현하는 것이 익숙하다.
- 소모에 의한 에너지 충전이 빠르다.
- 사교성이 좋다.
- 먼저 인사를 잘 한다.
- 여러 사람과 동시 대화해도 괜찮다.
- 정열적, 활동적인 사람으로 비춰진다.
- 경험한 후 이해력이 높다.
- 주변에 쉽게 알려지고 눈에 잘 띈다.

❷ 내향(Internal)성 사람들의 특징

- 깊이 있는 인간관계를 맺는다.
- 소수와 있는 것이 편안하다.
- 글로 표현 하는 것이 익숙하다.
- 휴식하면서 에너지를 충전한다.
- 자기 공간이 편안하다.
- 1:1의 대화가 좀 더 편안하다.
- 조용하고 신중하게 보인다.
- 이해한 후 경험하는 편이다.
- 주변에 시간을 두고 서서히 알려진다.

(2) 사고와 감정의 차이점

❶ 사고(Thinking)형 사람들의 특징

- 관심의 주제는 진실, 사실, 객관적인 부분이 많다.
- 원리와 원칙을 중요하게 생각한다.
- 논리적, 분석적이다.
- 간단명료한 설명을 주로 한다.
- 지적 논평이 많다.
- 객관적 판단, 원인과 결과를 중시한다.
- 규범, 기준을 중시하며 맞다, 틀리다로 이야기하는 편이다.

❷ 감정(Feeling)형 사람들의 특징

- 관심의 주제는 사람, 관계, 보편적인 선에 있다.
- 의미와 영향을 중요하게 생각한다.
- 상황적, 포괄적이다.
- 정상을 참조한 설명을 주로 한다.

- 우호적 협조가 많다.
- 주관적 판단, 과정과 상황을 중시한다.
- 나에게 주는 의미를 중시하며, 좋다, 나쁘다로 이야기하는 편이다.

2) 유형 찾기

(1) 유형 찾기

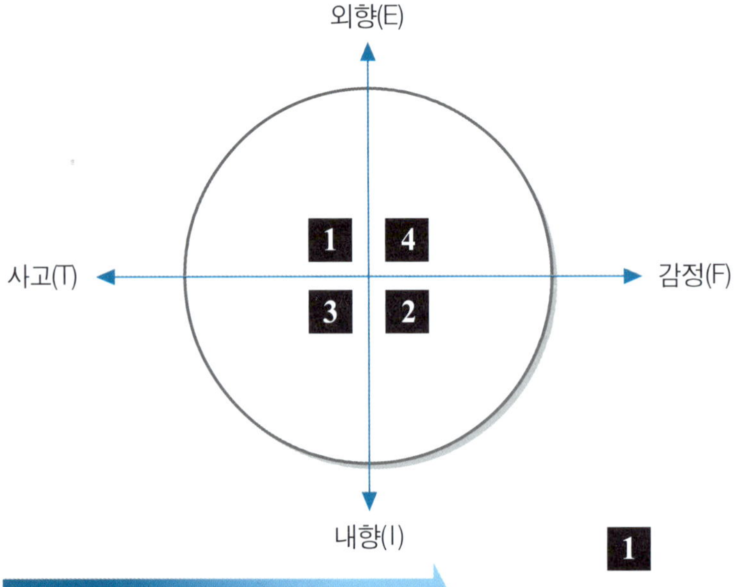

(2) 유형 진단

각 항목에서 주어진 단어를 잘 읽고 자신에게 해당되는 점수에 ○표를 한다.

자신을 가장 정확하게 묘사한다고 생각하는 것에는 '5점'을, 전혀 그렇지 않다고 생각하는 것에는 '1점'을 준다.

〈표 8-1〉 유형 진단하기

항목				
항목 1	사교적인	이성적인	인정 많은	주도적인
	1 2 3 4 5	1 2 3 4 5	1 2 3 4 5	1 2 3 4 5
항목 2	외향적인	체계적인	배려하는	자기주장이 강한
	1 2 3 4 5	1 2 3 4 5	1 2 3 4 5	1 2 3 4 5
항목 3	유머스러운	논리적인	양보심이 강한	거침없는
	1 2 3 4 5	1 2 3 4 5	1 2 3 4 5	1 2 3 4 5
항목 4	활달한	치밀한	친절한	대담한
	1 2 3 4 5	1 2 3 4 5	1 2 3 4 5	1 2 3 4 5
항목 5	낙천적인	분석적인	헌신적인	도전적인
	1 2 3 4 5	1 2 3 4 5	1 2 3 4 5	1 2 3 4 5

예) 주의점: 같은 항목에서 동일한 점수를 줄 수 없다. 순차적인 점수를 준다.

항목				
항목 1	사교적인	이성적인	인정 많은	주도적인
	1 2 3 4 ⑤	1 2 ③ 4 5	1 2 3 ④ 5	1 ② 3 4 5

■ 유형 진단하기 점수계산 하는 법

① 각 항목별로 점수를 표시한 후 세로로 합한다.

② 세로 줄의 총점이 가장 높은 점수가 자신이 속한 유형이다.

- 주도적인, 자기주장이 강한, 거침없는, 대담한, 도전적인의 점수가 가장 높다면
  ______________________________ 액션형의 성격

- 이성적인, 체계적인, 논리적인, 치밀한, 분석적인의 점수가 가장 높다면
  ______________________________ 미스테리형 성격

- 인정 많은, 배려하는, 양보심이 강한, 친절한, 헌신적인의 점수가 가장 높다면
  ______________________________ 멜로 드라마형 성격

- 사교적인, 외향적인, 유머스러운, 활달한, 낙천적인의 점수가 가장 높다면
  ______________________________ 코믹형의 성격

나한테 잘 어울릴 것 같은 역할은?

3. 유형의 장 · 단점

- 고객 응대 시 자기 성격의 장점과 단점은 무엇인가를 생각해 보면서 내가 좋아하는 사람 유형의 특징에 대해서 생각해 본다.
- 나와 다른 유형의 고객의 장점과 단점을 생각해 보면서 응대 시 맞춰보려는 노력이 필요하다.

1) 네 가지 행동 유형의 장점

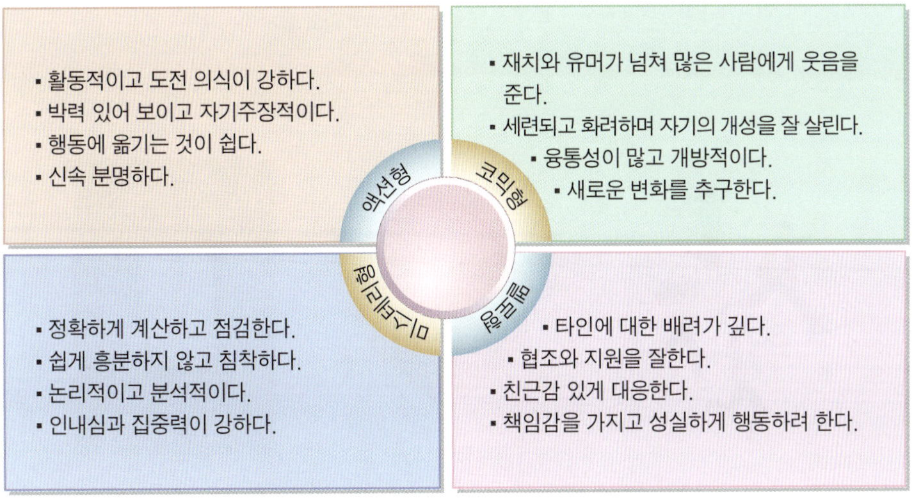

2) 네 가지 행동 유형의 단점

액션형

- 거칠게 행동할 수 있다.
- 강제적이고 독재적으로 행동할 수 있다.
- 타인의 허락 없이 주관대로 행동할 수 있다.
- 타인에 대한 배려가 없을 수 있다.

코믹형

- 분위기나 사람에게 지나치게 동조한다.
- 장소에 어울리지 않고 너무 튈 수 있다.
- 일관성이 없고 변덕이 심한 것으로 보일 수 있다.
- 한 가지 일을 오래하지 못한다.

미스터리형

- 지나치게 따지는 것으로 보인다.
- 무표정하여 때로는 감정이 없는 것처럼 보인다.
- 논리적인 면을 지나치게 강조하는 것처럼 보인다.
- 고집이 세고 완고하여 융통성이 없게 보일 수 있다.

멜로형

- 자신의 의견에 대해 주장하지 못하고 양보만 할 수 있다.
- 권위를 가진 사람에 대해 좀 더 협조를 잘할 수 있다.
- 지나치게 친절해서 상대방에게 부담을 줄 수도 있다.
- 의심하지 않고 쉽게 믿는다.

3) 반대적 고객 유형을 응대하는 방법

E

· 말하기 전에 마음속으로 자문하기
· 화자에서 청자로의 역할 바꾸기
· 상대방이 표현할 때까지 기다리기

I

· 타인에게 먼저 접근하여 질문하기
· 청자에서 화자로의 역할 바꾸기
· 먼저 표현해 보기

T

· 비판하고 싶을 때 F/B 뒤로 미루기
· 상대의 기분과 감정 헤아려 보기
· 나와 상대방의 정서에 귀 기울이기

F

· 감정이 격할 때 반응하는 것 참기
· 현상황에서 객관적인 것 찾아보기
· 기분/느낌과 별도로 대안 생각하기

Worksheets

1. 고객 응대 시 내가 가장 잘 할 수 있는 것은 무엇인지 정리해 봅시다.

2. 고객 응대 시 가장 부족한 점은 무엇인지 정리해 봅시다.

Worksheets

3. 나와 같은 유형이 화가 났을 때 화가 풀리는 요인과 더 화나게 하는 요인을 생각해 봅시다.

Chapter

9

감성 서비스

학습목표

- 감성의 개념을 이해하고 학습한다.
- 감성지능지수에 대해 학습하고 감성 서비스로 고객을 응대한다.
- 스트레스의 개념을 이해하고 스트레스를 관리한다.

1. 감성 서비스

1) 감성의 이해

(1) 감정

- 감정이란 어떤 현상이나 사건을 접했을 때 마음에서 일어나는 느낌이나 기분을 말하는 것으로[1] '현재 느끼는 것'을 의미한다.
- 심리학에서 감각과 감정을 구별하지 않았으나, J. Word와 W. Wundt는 감각은 객관적이며, 감정은 주관적인 것이라 구별하였다.
- 감정은 인식작용이나 충동의지와 다른 것이지만 엄밀히 구분할 수는 없다.
- 감정은 어떤 때는 행복하고, 걱정하거나, 당황하거나 어찌할 바를 모르겠는 경우도 있기 때문에 이런 감정의 반사적 반응 행동을 의미 있고 가치 있게 바꾸는 것은 의도성(Intentionality)의 스킬이 필요하다.
- 감정은 연상작용을 하기도 하며, 종종 과거와 현재를 구별하지 못하는 실수를 범하기도 하기 때문이다.

(2) 감성

- 사전적 의미로 감성은 '자신과 다른 사람의 감정을 이해하는 능력과 삶을 풍요롭게 하는 방향으로 감정을 통제할 줄 아는 능력'이라고 정의하고 있다.
- 감성지수와 지능지수와는 전혀 다른 지능으로 마음의 지능지수로 볼 수 있다. 감정지능(EI)은 자신이나 타인의 감정을 인지하는 개인의 능력을 나타내는 용어이다.
- 감정지능은 자신과 타인의 감정을 잘 통제하고 여러 종류의 감정들을 잘 변별하여 이것을 토대로 자신의 사고와 행동을 방향 지을 근거를 도출해 내는 능력

---

1) https://terms.naver.com/entry.nhn?docId=1056649&cid=40942&categoryId=31531
[네이버 지식백과] 감정 [feeling, 感情] (두산백과)

으로 볼 수 있다.

- 이 용어는 심리학자이자 과학언론인인 Daniel Goleman이 쓴 책으로 인해 중요성을 인정받았다. 그동안의 연구들에 의하면, 높은 감정지능을 갖춘 사람은 더 정신건강 상태가 좋고, 더 나은 업무 수행과 더 강한 리더십 기술을 갖고 있음을 보여주고 있다.
- Goleman의 저서에 있는 연구(Working with Emotional Intelligence)에 따르면 감정지능은 리더가 우월한 성과를 내기 위해 필요하다고 여겨지는 능력의 67%를 차지한다. 그리고 기술적 전문지식이나 IQ보다 두 배 더 중요하다고 기술하고 있다.

이상한 변화

미국의 신경과의사 안토니오 다마시오는 자신의 환자 중 한사람에게서 이상한 발견을 하였다. 환자 중 엘리엇이라는 사람은 뇌의 종양을 제거하기 위해 수술을 받고 나서 생활의 모든 면에서 이상한 변화를 보이게 되었다. 엘리엇은 뇌에 생긴 양성 종양을 없애기 위해 전두엽(뇌의 앞부분) 극히 일부를 제거했는데 수술 후 수술 전과는 여러 가지로 다른 행동 특성을 보였다. 그는 비교적 사회적으로 성공했었고 대인관계도 뛰어났었는데 수술을 받고 나서는 자신의 시간을 의미 있게 활용하지 못했고 직장에서도 번번이 쫓겨 났으며, 결혼생활 역시 파국에 이르게 되었다. 그의 생활이 왜 이렇게 엉망진창이 되었는지를 알아보려고 의사는 여러 가지 시도를 해 보았다. 수술 후에도 전통적인 지능검사에서는 여전히 뛰어난 점수를 기록하면서도 번번이 대인관계에서는 실패를 겪는 이유가 무엇인지를 살펴본 결과 한 가지 발견을 하였다. 그것은 종양 제거 수술로 인해 정서적 정보를 입력하고 처리하는 전두엽의 일부가 훼손 되었다는 사실이었다. 그 결과 언어적인 사고와 감정영역이라고 흔히 알려진 오른쪽 뇌와의 상호작용이 원활하게 이루어지지 못하게 되었던 것이다.

2) 감성지능

(1) 감성지능(EQ)의 이해

❶ 감성지능의 필요성

- IQ란 인지적 지능을, EQ란 감성지능을 의미한다.
- 감성지능은 지능지수인 IQ와는 다른 지능으로 '마음의 지능지수'라고도 불린다. 감성지능이 높은 사람은 다른 사람의 감정을 이해하는 능력과 삶을 풍요롭게 하는 방향으로 감정을 통제할 수 있는데, EQ의 중요성 또한 부각되고 있다.
- 인간의 지능에 대한 연구는 한 세기 동안 계속되어 왔고, 지능이 다소 기계적인 입장에 따르는 측정이었고, 세계대전을 겪으면서 수많은 사람들을 서열화하고 선별하는 데 도구가 되었다. 학자들은 지능검사가 측정하고 있는 능력만이 지능의 전부가 아니라는 기본논리와 Sternberg(예일대)는 사람들이 새로운 상황에서 문제해결, 실생활에서의 다양한 요구에 대한 적응하는 능력이 학업성적보다 더 중요함을 지적한다.
- Salovey(예일대 심리학자)와 Mayer(뉴햄프셔대 심리학자)에 의해 인간의 정서, 즉 감정에 있어서도 개인 차이가 있다는 것을 연구하게 되었다.
- 기존의 지능이론들이 지능에 있어서 감정적인 요소들보다는 인지적인 요소들에 초점을 맞추고 있다고 지적하고 대인 간의 지능의 개념을 세분화하였다.
- Salovey와 Mayer는 이전의 학자 Gardner의 이론에 기초하여 1990년 최초로 "정서지능이란, 자신과 타인의 정서를 효과적으로 조절할 줄 아는 능력, 그리고 자신의 삶을 계획하고 성취하기 위해서 그런 정서를 이용하여 활용할 줄 아는 능력이다"라고 정서지능이라는 용어를 명명하였다.

오즈의 마법사

■ 머리가 없는(IQ) 허수아비와 심장이 없는(EQ) 로보트

❷ Daniel Goleman 교수의 감성지능

- 자신의 진정한 기분을 자각하여 이를 존중하고 진심으로 납득할 수 있는 결단을 내릴 수 있는 능력이다.
- 충동을 자제하고 불안이나 분노와 같은 스트레스의 원인이 되는 감정을 제어할 능력이다.
- 목표 추구에 실패했을 경우에도 좌절하지 않고, 자기 자신을 격려할 수 있는 능력이다.
- 타인의 감정에 공감할 수 있는 공감능력이다.
- 집단 내에서 조화를 유지하고 다른 사람들과 서로 협력할 수 있는 사회적 능력 등이 있다.

(2) 감성지능(EQ)의 요소

❶ 자기인식지능(Self-awareness)

- 다른 사람들에 대한 자신의 영향뿐만 아니라 기분, 감성 및 인지하고 이해하는 능력, 즉 자신의 감정을 빨리 인식하고 알아차리는 능력, 자신의 감정을 빨리 인식하고 알아차리는 능력이다.
- 자기감정인식은 자신에 대해 얼마나 잘 알고 있는가에 대한 지능이다. 감정인식지수가 높은 사람은 자신에 대해 잘 알고 있기 때문에 모든 의사결정 순간에 정확하게 자신에게 맞는 상황을 선택하는 능력이 있다.
- 자신감이나 현실적인 자기 평가, 자신의 중요성을 최소화하는 유머감각의 특질을 가진다.

❷ 자기감정조절지능(Self-Regulation)

- 자기감정조절은 상황에 맞는 자기 감정절제력에 대한 내용이다. 자신의 감정에 따라 즉각적으로 행동하는 것을 자제하고 표현할 수 있는 능력이며, 파괴적인 충동, 기분을 통제하거나 방향을 바꾸는 능력으로 행동하기 전에 판단을 보류하는 성향이 있다.
- 이것은 상황과 분위기에 맞게 자신을 조절하지 못하여 타인에게 불쾌한 감정을 전이하거나 타인을 공감하지 못하는 상황을 자주 발생시키는 사람은 주변 사람들에게 불편함을 준다.
- 감성지능의 핵심지능이라고 할 수 있다.
- 신뢰와 성실성, 모호함에서의 편안함, 변화에의 개방성의 특질을 가진다.

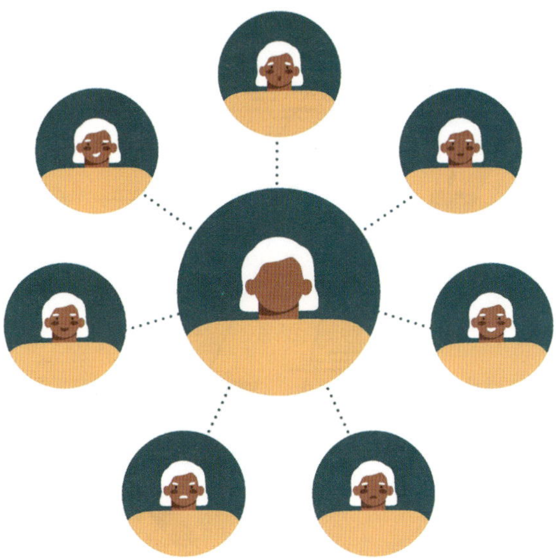

❸ 자기동기화지능(Motivation)

- 자기동기화는 힘들고 어려운 상황에서 어떻게 스스로에게 힘을 줄 수 있는 끈기와 인내의 능력이다.
- 돈이나 지위를 초월하여 일을 하는 열정으로서 자신의 감정을 다스리고 자기 스스로 동기부여하는 것을 포함한다.
- 확실한 목표를 가지고 잘 참아내서 성취하는 기쁨을 느낄 줄 아는 사람은 그렇지 못한 사람보다 성공가능성이 높을 수 있다.
- 에너지와 인내를 갖고 목표를 추구하는 성향, 강한 성취욕구, 실패에 직면하여서도 낙관과 조직에 헌신하는 특질이 있다.

❹ 감정이입지능

- 타인의 감정을 읽고 타인이 원하는 바를 알아서 행동해 주고 공감할 수 있는 능력이다.
- 타인의 감성적 기질을 이해하기에 사람들의 감성적 반응에 따라 표현하고 대우해 줄 수 있는 스킬이다. 이것은 타인에게 위로가 되어 줄 수 있으며 좋은 인간관계를 가질 수 있게 한다.
- 재능을 구축, 보유하는 전문적 지식과 서로 다른 문화 간의 민감성과 클라이언트 고객 서비스에 특질을 가진다.

❺ 사회적 상황판단지능(Social Skill)

- 상황에 맞는 행동과 대안을 제시하는 유연하고 현명한 행동능력으로 관계를 관리하고 네트워크를 구축함에 있어서 능숙한 스킬이다.
- 타인과 공통점을 발견하고 친근한 관계를 구축하는 능력이다. 고정관념이나 선입관에 매어 있지 않고 항상 주변상황에 맞게 대처한다면 충돌도 많이 피할 수 있다.
- 변화선도에 있어서의 유효성과 설득력, 팀 구축 및 리드하는 전문적 지식/기술을 특질로 한다.

3) 감성 서비스

❶ 자신의 감정과 공감능력을 인식하자

- 공감이란 타인의 감성을 헤아리고 함께 느끼는 것을 의미한다. 아이들의 공감·서비스를 하는 사람으로서 스스로가 자신의 감정을 조절하지 못하고 고객을 공감해 주지 못한다면, 고객과 감정적인 소통이 불가능하게 된다.

- 고객을 응대하다 보면 의지와 다르게 고객에게 적절한 감정 반응을 할 수 없는 상황을 간혹 겪게 되지만, 고객과의 관계에서 상호 상처를 주지 않는 현명한 대처를 위해서는 고객을 응대하면서 발생하는 자신의 감정과 공감능력을 다시 한 번 살펴볼 필요가 있다.

❷ 의견과 함께 감정에 동의하자

- 고객의 의견에 귀를 기울여 경청하면서 고객의 감정에 동의를 표하는 것은 고객 응대에서 반드시 필요하다.
- 가장 좋은 표현은 '그랬구나', '네~', '아, 그러신거였군요' 등이다.
- 고객의 감정이 좋지 못할 때 감정에 동의해 주면, 고객은 직원과의 교류에서 서로 공감하는 방법을 터득하게 될 수 있다.

❸ 감정의 단어를 연습하자

- 우리의 감정이나 정서는 기쁨, 행복, 즐거움 등의 긍정적인 것 외에도 슬픔, 분노, 두려움, 놀라움, 혐오감 등 다양한 부정적인 정서도 포함되어 있다.
- 긍정적인 감정과 부정적인 정서 역시 삶에서 배제할 수 없기에 부정적인 정서의 감정에 대한 단어를 제대로 알고 표현할 줄 알아야 한다.
- 부정적인 감정을 무조건적으로 회피하기보다는 부정적인 감정 또한 솔직하게 표현해 보는 연습을 하자.
- 모든 감정을 수용하고 인정하는 과정이 감정을 인식하고 표현하는 데 도움이 될 수 있기 때문이다.

❹ 경청하는 자세를 갖자

- 고객이 말을 끝까지 할 수 있도록 시간을 주자.
- 고객이 말을 할 때 단순히 고객의 얼굴과 입만을 쳐다보면서 다른 생각을 하는 것은 경청이 아니라는 것을 알아야 한다.

- 고객의 말을 들을 때, 상대방의 말에 관심을 가지고 있음을 보여주고, 적극적으로 대화에 참여할 수 있도록 하자. 직원이 먼저 고객의 말을 경청하는 모습이 가장 우선이다.[2)]

2. 스트레스 관리

1) 스트레스의 이해

- 스트레스란 "팽팽하게 조이다."라는 뜻의 라틴어 Stringere에서 유래한 것으로 "내적 혹은 외적 자극에 대한 모든 비구체적인 반응"을 말한다.
- 1954년 캐나다 의사 Hans Selye가 처음 사용했으며 "만병의 근원", "조용한 살인자"로 불린다.
- 특히 내과 입원 환자의 70% 스트레스와 연관되어 있다고 한다.

2) 아이의 감성지능 EQ를 높이는 노하우!|작성자 해법독서논술

- 사전적인 의미로 본다면 적응하기 어려운 환경에 처할 때 느끼는 심리적·신체적 긴장상태를 말한다.
- 자기에게 부과된 요구수준과 이 요구에 부응할 수 있는 자신의 능력 간에 어떤 불균형을 지각할 때 일어나는 생리적·심리적 반응으로 위기 상황에 대한 방어체계를 말하는 것이다.

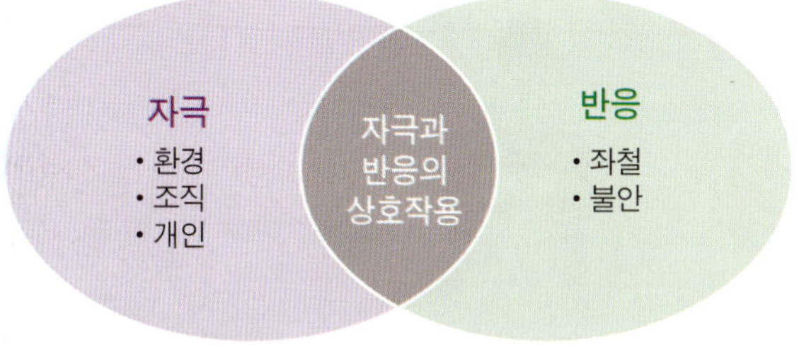

[그림 9-1] 스트레스 구성 요소

2) 스트레스 관리의 중요성

- 스트레스는 신체적·정신적 건강을 해칠 뿐만 아니라 조직의 능률을 저하시킨다.
- 일상생활이나 조직생활 속에서 누구나 수많은 스트레스를 겪게 되며, 급속도로 변화하는 환경에서 직무상 역할 과중이나 역할 과소로 인하여 스트레스는 점점 더 증가되고 있다.
- 적당한 스트레스는 개인의 심리적 성장, 창의적 활동, 새로운 기술 습득 등이 가능하도록 긴장상태를 유지시켜 주지만 과도한 스트레스는 피곤함, 무기력함, 좌절감, 소회감 등을 야기시켜 우리 인간에게 신체적·정신적 건강에 악영향을 줌으로써 개인생활뿐 아니라 사회생활에서도 많은 지장을 초래한다.
- 개인이나 조직에 있어서 스트레스는 공기와 같아 언제 어디서든 누구든지 경험

하는 인생의 한 부분이기 때문에 스트레스에 관련해서 '스트레스에서 완전한 해방은 죽음'이라고 말하기도 한다.

- 직장인의 경우 갈등이 개인의 생활에서는 물론 조직 내에서의 생활에서도 중요한 부분이듯이 직무 스트레스도 피할 수 없는 직장생활의 동반자가 되고 있다.
- 한 통계에 의하면 '상사, 부하, 동료와의 갈등 37.3%, 조직 내에서의 역할 24.2%, 업무과중 11.3%, 적성불일치 10%, 승진과 이동에 대한 부담 7.7%, 열악한 직무환경 4.7%'로 나타났다. 우리나라의 40대와 50대 남자들의 사망률이 세계적으로 가장 높다는 통계 보고도 있는 현실이다.
- 직장인이 경험하는 직무 스트레스의 결과는 개인의 건강을 해치는 것은 물론 결과적으로 조직에서도 비용증대와 생산성 저하 등의 부정적인 영향을 미치게 되고 사회에도 심각한 문제가 되고 있다.
- 이처럼 생활에서도 조직에서도 직무 스트레스는 피할 수 없는 직장생활의 중요한 동반자가 되고 있으며 일상적 스트레스뿐 아니라 직무 스트레스는 원만한

인간관계 유지를 위해서도 중요하게 관리되어야 한다.

- 직무 스트레스의 특성 중 가장 중요한 것은 양면성을 가지고 있다는 것이다.
- 그것은 그 자체로 좋거나 나쁜 성질의 것이 아니다. 스트레스가 없거나 낮은 그리고 지나치게 높거나 많아서 해로운 스트레스를 '디스트레스(Distress)'라는 개념으로, 그리고 적정수준이어서 유익한 것을 '유스트레스(Eustress)'라는 개념으로 구분하여 부정적인 측면과 긍정적인 측면으로 구분되고 있다.
- 따라서 직무 스트레스의 이 같은 양면성을 학자에 따라 건설적 또는 파괴적, 그리고 기능적 또는 역기능적, 그리고 긍정적 또는 부정적이라는 대조적인 개념으로 거론되고 있다.

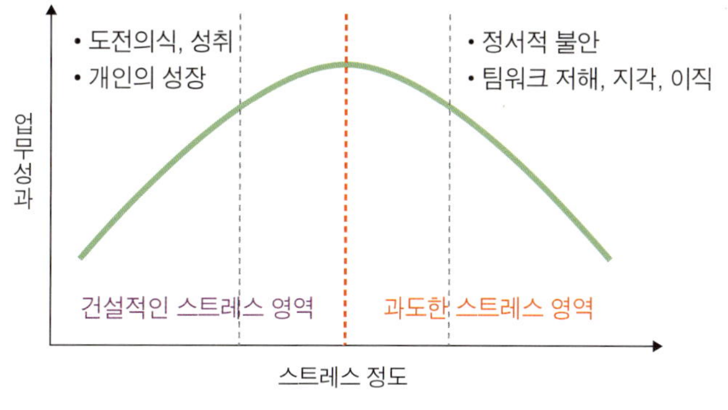

[그림 9-2] 스트레스와 직무수행과의 관계

3) 스트레스의 원인

- 스트레스는 누구에게나 존재하지만 내성적이고, 화를 잘 내며, 예민, 결벽증, 경쟁심이 과도하게 강한 사람일수록 스트레스에 노출된다.

(1) 외적인 스트레스

① 경제적·사회적·정치적 및 기술적인 변화와 불확실성 등을 내용으로 한 환경적인 원인이 있다.

② 물리적인 것(소음, 조도, 온도, 공해 등)과 개인생활에서의 삶의 내용으로 하는 직무 외적인 원인이 있다.

(2) 내적인 스트레스

❶ 조직 차원의 스트레스

- 조직 차원의 스트레스 상황으로 C. Handy는 타인(부하)의 일에 대한 책임, 창의적인 활동을 해야 하는 기능, 연결고리 역할(조정 활동)을 다해야 하는 어려움, 상하 간의 관계를 유지해야 하는 어려움, 경력의 불확실성 등이 직무 스트레스를 일으킨다고 제시했다.

❷ 직무 차원의 스트레스

- 어떤 직무는 본질적으로 다른 직무들보다 더 많은 스트레스를 일으킨다는 조사연구가 많다. 그것을 직무 차원의 스트레스 원인이라고 한다.
- 한 통계에 따르면 직무 스트레스에 관한 연구를 거쳐 스트레스를 가장 많이 받는 12개의 직무를 순위에 따라 노동자, 비서, 검사, 임상실험 기술자, 사무실 관리자, 감독자, 경영자, 웨이터, 기계운전공, 농장 소유자, 탄광공, 화가 등을 제시하고 있다.
- 최근 일본의 한 잡지는 직장 여성의 스트레스를 정신(대인관계), 육체(노동의 강도), 환경(사무실 조건) 등의 세 가지로 구분하여 여성에게 스트레스를 일으키는 직무를 간호사, 승무원, 프로그래머, 백화점 판매원, 은행원 등의 순으로 제시하고 있다.

❸ 개인 차원의 스트레스

- 역할 갈등
- 역할 모호성
- 질적 또는 양적인 업무의 과중
- 질적 또는 양적인 업무의 과소

〈표 9-1〉 한국인의 스트레스 평가

삶의 변화	점수	심리 변화	점수
자식 사망	74	사업의 일대 재정비	43
배우자 사망	73	직업전화	43
부모 사망	66	청년퇴직	41
이혼	63	해외취업	39
형제자매 사망	60	유산	38
혼외정사	59	임신	37
별거 후 재결합	54	입학시험, 취직실패	37
부부의 이혼, 재혼	53	자식의 분가	36
별거	51	새 가족 등장	36
해고, 파면	50	가족 중 1명이 질병을 얻음	35
정든 친구의 사망	50	성취	35
결혼	50	주택, 사업, 부동산 매입	35
징역	49	정치적 신념의 변화	35
결혼 약속	44	시댁, 처가, 친척과의 알력	34
중병, 중상	44	학업의 시작, 중단	34

출처: 통계청

4) 스트레스가 미치는 영향

(1) 스트레스 전 증상

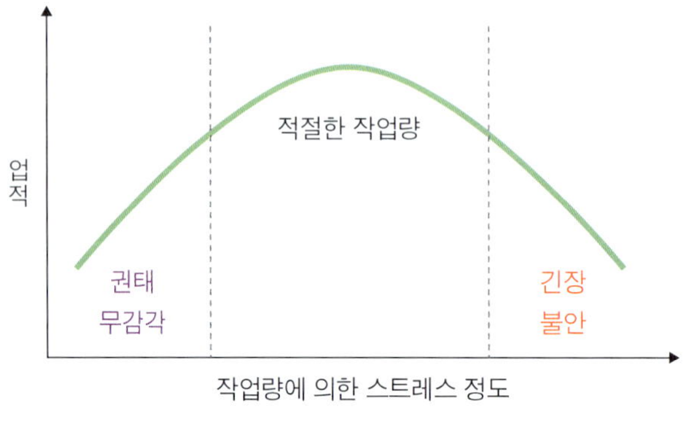

(2) 개인에 미치는 영향

❶ 행동적 측면

- 생산성, 결근, 이직, 업적, 직무만족, 사고, 음주, 약물중독, 감정폭발, 식욕의 과다, 충동적 행동

❷ 신체적 측면

- 혈압증대, 높은 콜레스테롤, 심장병, 땀흘림, 입술이 마름, 고혈압, 궤양, 암, 천식, 당뇨병, 불면증, 편두통, 요통, 목과 어깨가 뻣뻣함

❸ 심리적 측면

- 정서적 인지적인 것을 포함하는 것으로 불안, 무관심, 권태, 침울, 낮은 자존심, 소외감, 화냄, 직무불만, 공격성, 피로, 죄의식, 고독, 신경과민, 흥분, 불면증, 성기능감퇴, 긴장

(3) 조직에 미치는 영향

- 결근과 이직을 통해 직무불만뿐만 아니라 기업의 1차적인 목적인 업적과 생산성도 감소되며 사고율이 높아지고 노사관계의 악화도 초래된다.

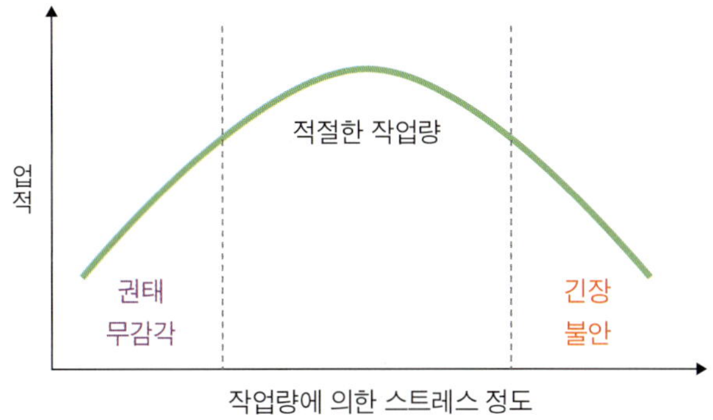

[그림 9-3] 업무량과 스트레스 및 업적관계

5) 스트레스 극복

(1) 개인 차원

❶ 신체적 측면

- 음식, 휴식, 운동, 균형 갖춘 신체, 이완 등

❷ 인지적 측면

- 정서의 표출, 정서적 거리 유지와 정서적 지지 받기 등

❸ 행동적 측면

- 합리적 대처, 현실적 기대감, 긍정적인 재해석 등

(2) 조직 차원

- 개인 차원의 극복이 개인적인 것에 초점을 둔 것이라면, 조직의 단위, 즉 집단을 다루고 집단 또는 전체적인 조직의 문제에 초점을 두고 극복의 방법을 찾아야 한다.
- 직원들이 참여(참여적 의사결정)할 수 있는 경영계획의 지원, 의사소통의 창구, 팀빌딩 지원, 배치프로그램, 직무설계, 융통성 있는 시간관리, 종업원지원 프로그램, 경력개발 프로그램(경력경로계획, 카운슬링, 멘토 프로그램), 사회적 지원 시스템, 조직구조에의 관여, 조직구조와 기능의 변화, 직무 특성의 변화, 종업원 적응 프로그램, 목표설정, 지원적인 조직 풍토와 창조, 과업설계의 충실화, 갈등의 감소와 조직 역할의 명확화, 제도적인 프로그램(작업설계, 작업계획, 문화, 감독), 자주적인 작업집단의 설정, 종업원에게 건강 설비 제공 등을 해야 한다.

Worksheets

1. 나의 감정지능을 높일 수 있는 구체적인 방법들을 정리해 봅시다.

감성지능	방법
자기인식	
감정조절	
자기동기화	
타인의 감정인식	
상황판단력	

2. 스트레스를 받는 상황을 공유하고 스트레스를 어떤 방법으로 관리하고 있는지 공유한 후 정리해 봅시다.

PART 4

서비스 관리

Chapter

10

MOT 관리

학습목표

- MOT의 개념과 요소를 학습하고 이해한다.
- MOT 사이클을 이해하고 MOT 사이클 차트 분석을 한다.
- MOT 적용 시 유의점과 전략을 학습하고 이해한다.

1. MOT 이해

1) MOT의 개념

(1) MOT(Moment of Truth)의 유래

- 스페인의 투우에서 투우사가 소의 급소를 찌르는 순간으로 스페인어로는 'Momento De La Verdad'이다.
- 소와 투우사가 만나는 결정적 순간, 피하려고 해도 피할 수 없는 순간, 실패가 허용되지 않는 순간 등을 의미한다.
- MOT는 'Moment of Truth'의 약자로 스칸디나비아 항공사의 얀 칼슨(Jan Carlson) 회장이 〈고객을 순간에 만족시켜라: 결정적 순간〉이라는 책에서 처음으로 언급하였다.
- 얀 칼슨 회장은 스칸디나비아 항공사가 고객과 서비스 직원이 접촉하는 순간을 분석한 결과, 직원이 제공한 서비스와 고객이 만나는 시간은 평균 1회, 15초의 짧은 시간임을 인식하였다.
- 이런 결정적 순간은 항공사의 전체 이미지를 결정한다는 사실은 인식하고, MOT의 개념을 도입한 결과 스칸디나비아 항공사는 연 800만 달러의 적자에서 7,100만 달러의 흑자 경영을 하게 되었다.

(2) MOT의 정의

- MOT란 '결정적 순간', '진실의 순간'이라고 정의하며 고객이 직원이나 기업의 특정한 자원들과 접촉하는 순간의 모든 상황을 말한다.
- MOT는 서비스를 제공하는 사람이 고객에게 서비스 품질을 보여주고 나타낼 수 있는 기회이다.
- 짧은 순간이지만 서비스에 대한 인상을 좌우하는 순간이다.

(3) MOT의 상황

MOT의 '결정적 순간', '진실의 순간'이 발생하는 상황은 다음과 같다.

- 고객이 광고를 볼 때
- 고객이 기업의 외부를 볼 때
- 주차장에 들어갈 때
- 로비에 들어설 때
- 우편물이나 문서를 받을 때
- 전화 통화를 할 때
- 고객이 직원과 접촉하는 모든 순간

2) MOT의 요소

서비스도 제품과 마찬가지로 하나의 상품으로서 인식하고, 서비스 품질과 고객만족을 위하여 지속적인 관리가 필요하다.

(1) 하드웨어(Hard Ware): 시설 및 상품

① 시설: 쾌적성, 편리성, 안정성, 위치, 영업 점포 수 등

② 상품: 품질, 다양성, 신제품의 개발, 상품 진열, 상품 종류 등

(2) 소프트웨어(Soft Ware): 프로세스 및 제도

① 프로세스: 업무처리 절차, 처리 속도, 고객중심의 Flow 등

② 제도: 업무처리, 현장에서 직원의 권한 위임, 규정, 업무처리, 구비서류 등

(3) 휴먼웨어(Human Ware): 인적 서비스 및 상품 지식

① 응대: 친절성, 서비스 응대 태도, 서비스 기준 이행 등

② 상품 지식: 상품 및 업무 관련 지식, 고객 가치에 대한 지식 등

2. MOT 사이클

1) MOT 사이클 개념

- MOT 사이클이란 서비스 프로세스상에 나타나는 일련의 MOT들을 보여주는 시계모양의 도표로서 '서비스 사이클 차트'라고도 한다.
- 고객이 처음으로 접촉해서 서비스가 마무리될 때까지의 서비스 행동의 전체 과정을 고객의 입장에서 그려보는 과정이다.
- 서비스 전달시스템을 고객의 입장에서 이해하기 위한 방법이라고 할 수 있다.
- 고객이 경험하는 MOT, 즉 고객이 서비스를 받는 시점부터 서비스의 완료 시점까지 리스트를 작성하여 원형 차트의 1시 방향에서 시작하여, 순서대로 기입한다.

- 일반적으로 종업원들은 자신이 맡고 있는 업무에만 관심을 두고 일하는 경향이 있으나, 고객은 서비스 과정에서 경험하는 일련의 순간 전체를 가지고 품질을 평가한다.

2) MOT 사이클 차트 분석

〈표 10-1〉 MOT 사이클 차트 분석 단계

단계	내용
1. 서비스 접점 진단	고객이 처음 입구에 들어오는 순간부터 나가는 순간까지 모든 과정을 고객의 입장에서 생각해 본다.
2. 서비스 접점 설계	기업 내 각 부서의 고객 접점 특징을 파악하고, 고객 접점 단위를 구분한다.
3. 고객 접점 사이클 세분화	고객이 처음 접촉해서 서비스가 마무리될 때까지의 서비스 행동의 전체 과정을 고객의 입장에서 그려본다.
4. 고객 접점 시나리오 만들기	고객 접점 사이클이 구성되면 고객 접점마다 문제점과 개선점을 찾아 시나리오 차트를 구성한다.
5. 서비스 표준안으로 행동하기	각 접점 단위별로 새로운 고객 접점 표준안을 만들고, 표준안대로 훈련하고 행동한다.

3) MOT 사이클 분석 사례

(1) 항공사의 MOT 사이클

❶ 항공사의 서비스 경험 사이클

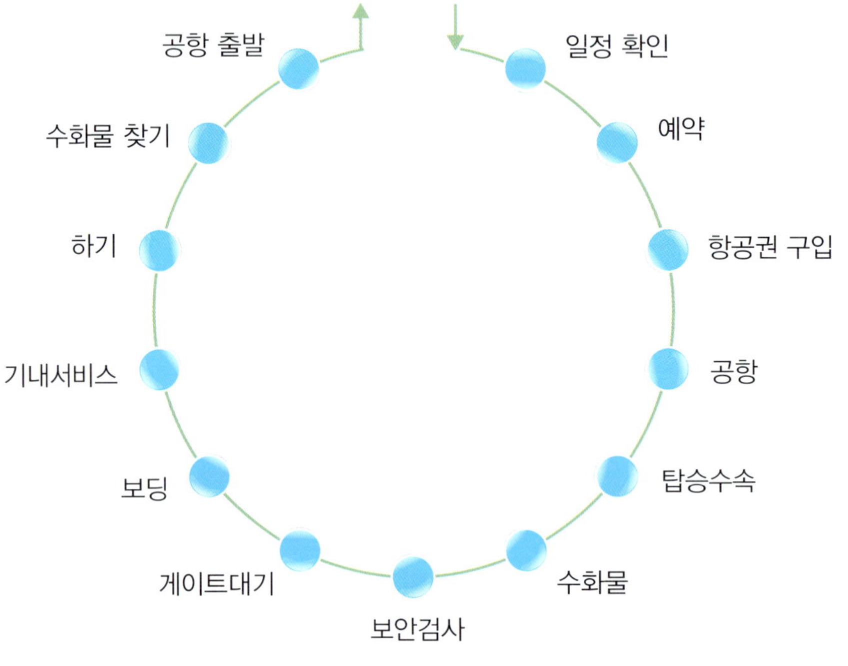

❷ 항공 서비스 결정적 순간

항공 서비스의 MOT (결정적 순간)	• 홈페이지를 방문했을 때 • 예약할 때 • 문의 전화할 때 • 키오스 체크를 할 때 • 공항 카운터에 다가갔을 때 • 대기 줄에 서 있을 때 • 카운터에서 직원의 응대를 받을 때 • 짐을 붙일 때 • 출발 입구를 찾을 때 • 보안검사대를 통과할 때 • 출발 라운지에서 대기할 때 • 탑승구에서 비행기탑승구로 갈 때 • 티켓을 건네고 탑승할 때 • 환영인사를 받을 때 • 좌석을 찾을 때 • 짐정리와 좌석에 앉을 때

(2) 병원의 MOT 사이클

❶ 병원의 서비스 경험 사이클

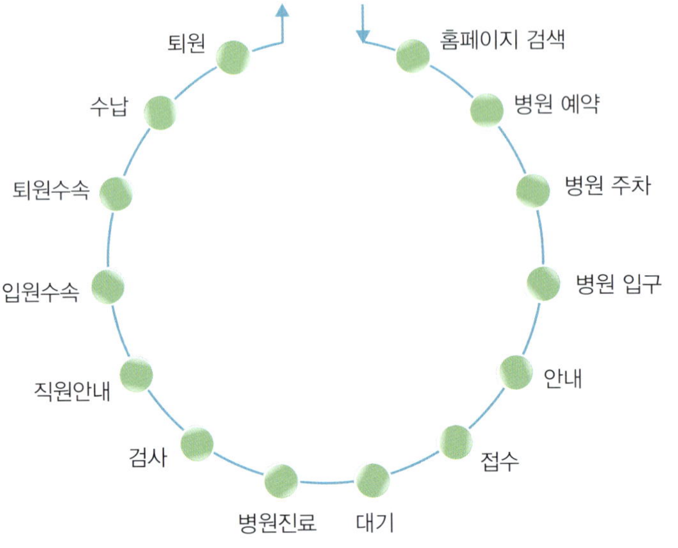

❷ 병원 서비스 결정적 순간

병원 서비스의 MOT (결정적 순간)	• 홈페이지 검색할 때 • 병원 예약할 때 • 예약확인전화 받을 때 • 주차할 때 • 입구에 들어설 때 • 번호표를 뽑을 때 • 대기할 때 • 접수할 때 • 진료실 안내 받을 때 • 진료실에서 • 검사 • 직원안내 • 입원 수속할 때 • 병원 시설을 사용할 때 • 퇴원 수속할 때 • 수납할 때 • 퇴원할 때

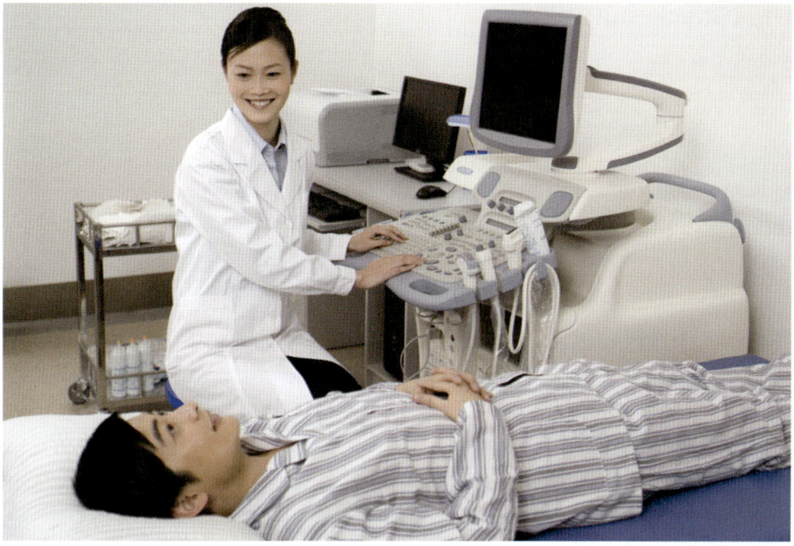

❸ 호텔 체크인/체크아웃 서비스 결정적 순간

■ 체크인(Check-in) 서비스

호텔 체크-인 서비스의 MOT (결정적 순간)	• 인테넷 홈페이지 방문할 때 • 호텔에 예약전화를 할 때 • 프론트 데스크로 연결할 때 • 예약을 할 때 • 호텔주차장으로 들어설 때 • 도어맨이 마중나와 짐을 내릴 때 • 발렛을 맡길 때 • 체크인 할 때 • 객실 안내를 받을 때 • 승강기를 탈 때 • 객실로 들어설 때

■ 체크아웃(Check-out) 서비스

호텔 체크-아웃 서비스의 MOT (결정적 순간)	• 데스크에서 직원과 만날 때 • 체크아웃을 대기할 때 • 짐을 내려달라고 부탁할 때 • 프론트에 열쇠를 반납할 때 • 청구서를 확인하고 돈을 지불할 때 • 영수증을 받고 확인할 때 • 현관에 나갈 때 • 주차장에 갈 때 • 짐을 싣고 출발할 때

3. MOT 전략

1) MOT 적용 유의점

(1) 고객의 관점에서 프로세스를 적용한다

- 서비스 제공자는 자신이 하고 있는 해당 업무와 서비스진행 프로세스를 잘 알고 있기에 고객의 입장에서 적용한다.
- 서비스 제공자와 서비스를 받는 고객의 시각이 일치하지 않을 수 있음을 알고 고객의 기대와 니즈를 파악한다.

(2) 고객만족 전체적 관점에서 적용한다

- MOT는 고객과 직원이 직접적으로 접촉하는 순간에서만 발생하는 것이 아니라 기업의 여러 가지 자원과 접촉하는 직접·간접적인 순간까지도 포함한다.
- MOT의 작은 순간 하나하나가 모여 전체의 서비스 품질로 결정된다.
- 고객은 서비스 제공자가 모든 결정적 순간에 최선의 서비스와 최고의 서비스를 선택했다는 기분이 들도록 한다.
- MOT는 덧셈의 법칙이 아닌 곱셈의 법칙이다.

서비스 곱셈의 법칙

(100점 서비스) X (0점 서비스) = (0점 서비스)
(100점 서비스) + (0점 서비스) = (100점 서비스)

2) MOT 적용 전략

(1) 고객관점의 프로세스로 응대한다

고객의 프로세스	고객의 기대	직원의 프로세스
입구에 들어선다.	적극적인 모습	밝고 적극적인 모습으로 맞이 인사 한다.
매장을 둘러보고 상품을 탐색한다.	관심사 확인	고객의 욕구 파악하며 신속하게 상품을 준비한다.
매장의 상품을 선택한다.	신속 응대 및 재고 확보	실사용자를 파악하며 신속하게 상품을 제시한다.
		고객성향을 파악하여 관심을 유도한다.
상품에 대해 질문한다.	진실되고 성의 있는 설명	상품에 대해 장단점을 설명한다.
	유사상품 비교 설명	유사상품에 대한 비교설명으로 구매욕구를 높인다.
구매의사 표현한다.	시연 및 시착 권유	시연이나 시착을 권유한다.
상품 구입 결정하고 계산한다.	선택에 대한 안심	결정에 대한 안심을 유도한다.
매장을 나간다.	마지막까지 인사	밝은 인사로 배웅한다.

(2) 직원 프로세스로 행동과 말을 정리한다

직원의 프로세스	직원이 해야 할 말과 행동 / 직원이 하지 말아야 할 행동(말)
밝고 적극적인 모습으로 맞이 인사 한다.	안녕하십니까? 어세오세요 모른 척하거나, 다른 일하며 힐끗 쳐다본다.
고객의 욕구 파악하며 신속하게 상품 준비한다.	어떤 상품 찾으십니까? 혹시 미리 봐두신 상품 있으십니까? 기대어 서서 다른 용무를 보거나, 잡담을 한다.
실사용자를 파악하며 신속하게 상품을 제시한다.	(정중하게) 찾으시는 상품 여기 있습니다. 찾는 물건 없을 경우 대안제시를 안 한다.
고객성향을 파악하여 관심을 유도한다.	이 상품은 어떠신가요? ○○도 좋아 보입니다. 고객의 질문에만 단답형으로 대답한다.
상품에 대해 장단점을 설명한다.	○○은 특징 있고, ○○한 장단점과 이점이 있습니다. 상품에 대한 지식이 없다.
유사상품에 대한비교설명으로 구매욕구를 높인다.	혹시 괜찮으시면 유사한 ○○도 보여드릴까요? 비교설명, 대안제시 없이 성의 없이 대답한다.
시연이나 시착을 권유한다.	직접 착용(사용)해 보시겠습니까? 시작이나 시연 없이 설명한다.
결정에 대한 안심을 유도한다.	결정 잘 하셨습니다. 상품의 종류에 따라 다른 표정과 응대를 한다.
밝은 인사로 배웅한다.	감사합니다. 또 뵙겠습니다. 더 필요한 것 있으시면 언제든지 방문해 주시기 바랍니다. 계산 후 배웅 없이 다른 고객에게 바로 간다.

Worksheets

1. 업종을 선택하고 고객 접점 분석을 통한 MOT사이클을 작성해 봅시다.

■ 내가 선정한 서비스 업종:

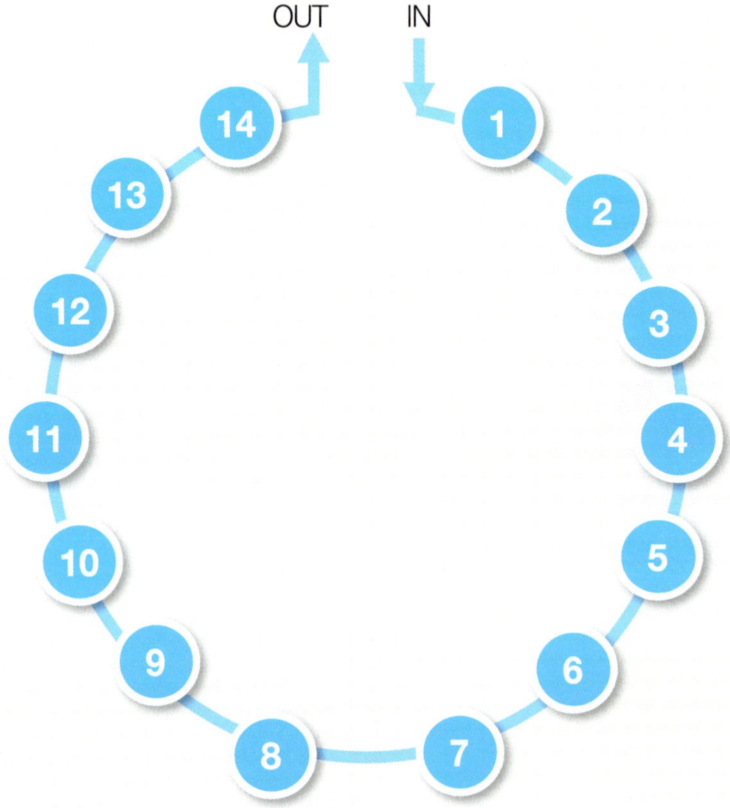

Worksheets

2. 앞서 선택한 업종의 고객접점에서 직원이 해야 할 응대와 금기해야 할 응대(행동과 말)에 대해서 정리해 봅시다.

■ 내가 선정한 서비스 업종:

고객접점분석	직원이 해야 할 행동과 말	직원이 금기해야 할 행동과 말

Chapter

11

서비스 보증

학습목표

- 서비스 실패의 의미와 유형을 학습하고 이해한다.
- 서비스 보증의 개념과 장단점을 학습하고 설명한다.
- 서비스 회복의 의미와 전략을 학습하고 이해한다.

1. 서비스 실패

1) 서비스 실패의 의미

(1) 서비스 실패의 의미

- 서비스 실패(Service Failure)의 의미는 기업이 서비스를 제공하는 과정에서 발생된 어떤 실수나 문제로 인해 고객이 불편한 감정을 느끼는 것을 말한다.
- 기업에서 고객에게 제공된 서비스 품질이 고객의 기대수준에 미치지 못한 경우도 해당된다.
- 주로 서비스가 제공되는 접점에서 발생하며, 고객 불만족을 유발하는 원인이 되기도 한다.
- 대부분 사람에 의해 발생되는 경우가 많으며, 서비스 실패는 받아들이는 고객의 인내수준의 차이에 따라 다르게 해석될 수도 있다.

고객의 인내수준

인내수준이란 고객이 원하는 서비스 정도와 고객이 적당하다고 이해하고 생각하는 사이의 서비스 영역을 말한다.

(2) 서비스 실패의 예방

❶ 서비스 전반에 대한 관리가 필요하다

- 서비스 실패는 단순히 서비스 제공 및 결과에 의해 발생할 수 있지만 제공과정에서도 발생 가능하기 때문에 고객의 전반적인 서비스 기대수준을 파악한다.
- 이를 위해 서비스 접점에 있는 직원에 대한 교육을 인식하고 실행한다.

❷ 고객과의 관계회복을 위한 노력을 한다

- 서비스 실패는 고객 불만을 유발시킬 수 있으며, 대부분 고객들은 침묵으로 일관하기 때문에 이후 동일한 서비스를 이용하지 않는 형태로 불만을 표시한다.
- 서비스 실패로 인해 고객과의 관계가 단절되기 때문에 기업은 서비스 실패를 경험했던 고객과의 관계회복을 위한 노력을 해야 한다.

❸ 적절하고 신속한 조치를 취한다

- 관계회복을 위해서는 서비스 실패에 대응해서 적절하고 신속한 조치를 취해야 한다.
- 서비스 실패 시점에서 관계회복을 위한 신속하고 적절한 노력이 이뤄진다면 오히려 충성고객을 확보할 수 있는 좋은 기회가 된다.
- 또한 고객으로부터 긍정적 구전을 기대할 수 있다.

❹ 책임 있는 행동과 함께 실수를 인정한다

- 고객은 자신이 서비스 실패를 경험한 이후 기업이 책임 있는 행동과 함께 실수를 인정한다.
- 서비스 실패에 보상, 수정, 환불, 진정한 사과, 발생한 사건에 대한 충분한 설명, 재발방지, 적극적인 의사표현을 할 수 있는 의사소통 채널을 열어 놓아 공정하고 신속한 서비스 실패에 대한 대응 매뉴얼을 수립한다.

2) 서비스 실패의 유형

(1) 서비스 실패의 유형

- 고객들이 불공정하다고 느끼는 소매점의 정책
- 속도가 느린 서비스나 이용할 수 없는 서비스
- 가격 불일치
- 포장 오류
- 포장 불량
- 재고 부족
- 제품 결함
- 제품 파손
- 비규격 제품
- 잘못된 전달로 인한 오류
- 부정확한 정보 제공
- 약속 불이행
- 오배송
- 직원 부주의
- 고객 실수

(2) 서비스 실패의 유형 사례

❶ 항공사 서비스 실패 유형

구분	유형	내용
지상 서비스 Ground Service	예약 Reservation	• 담당직원의 미숙한 업무처리 • 고객과의 커뮤니케이션 오류(날짜, 시간, 구간 등) • 시스템 다운
	발권 Ticketing	• 항공권 안내 부족(유효기간, 환불금액, 마일리지 등) • 항공권 계산 오류 • 항공권 조건 안내 부족
	좌석배정 Assignment	• 초과예약(Over-booking, 이중좌석(Double-seat), 탑승 거절, 다른 대체 항공편 이용, 장시간 대기)

구분	유형	내용
	탑승 Boarding	• 탑승거절 • 탑승지연 • 좌석변경 • 도움 승객 서비스 부족
	지연 Delay	• 천재지변 • 항공기 기술적 문제(정비) • 항공기 연결편 • 탑승객의 개인적 사정 • 직원의 업무 미숙
	결항 Cancel	• 천재지변(기상, 국가 내/외 문제발생 등) • 항공사파업
	회항 Divert	• 항공기 기술적 문제 • 위급상황발생 • 도착지 위급상황(천재지변, 테러, 전쟁 등)
	항공사 서비스	• 직원서비스 부족(서비스 응대, 오정보, 업무미숙 등) • 수하물서비스(지연, 파손, 분실, 도난, 초과요금 등) • 서비스 환경(사용장비)
	부가 서비스	• 라운지 이용 • 마일리지(적립누락, 적립불가, 좌석제한 등)

❷ 병원 서비스 실패의 유형

구분	유형	내용
진료 및 입원 수속	예약	• 전화연결 지연 • 환자와 커뮤니케이션 오류(날짜, 시간, 담당의사 등) • 시스템 다운
	문의	• 안내 부족(진료과목, 담당의사 등) • 문의 거절 • 주의점 안내 부족
	접수	• 초과예약(Over-booking, 이중좌석(Double-seat), 탑승 거절, 다른 대체 항공편 이용, 장시간 대기)
	대기	• 대기 시간 지연 • 대기 장소 협소 • 대기 안내 부족

구분	유형	내용
	수속	• 수속 지연 • 병실 부족 • 직원의 업무 미숙 • 수속 안내 부족
	수납	• 진료비 과다 • 대기 시간 오류 • 수납 안내 부족
	직원 서비스	• 직원서비스 부족(서비스 응대, 오정보, 설명부족 등) • 서비스 환경(사용 장비) • 면회 서비스
	시설 서비스	• 병실 이용 중(파손, 분실, 도난 등) • 개별시설 이용 • 부대시설 이용

(3) 서비스 실패의 분석

- 피시본 다이어그램(Fishbone Diagram)으로 서비스 실제로 발생한 현상의 원인과 결과를 찾아서 시각화하여 정리하고 분석함으로써 고객의 불만과 서비스 실패에 대해서 추적하는 데 도움이 된다.
- 피시본 다이어그램은 물고기의 뼈와 모양이 닮았다고 하여 '뼈의 도표'라고 한다.
- 피시본 다이어그램은 또한 서비스 품질의 문제와 관련된 요인들을 검토하고 분석할 수 있다.

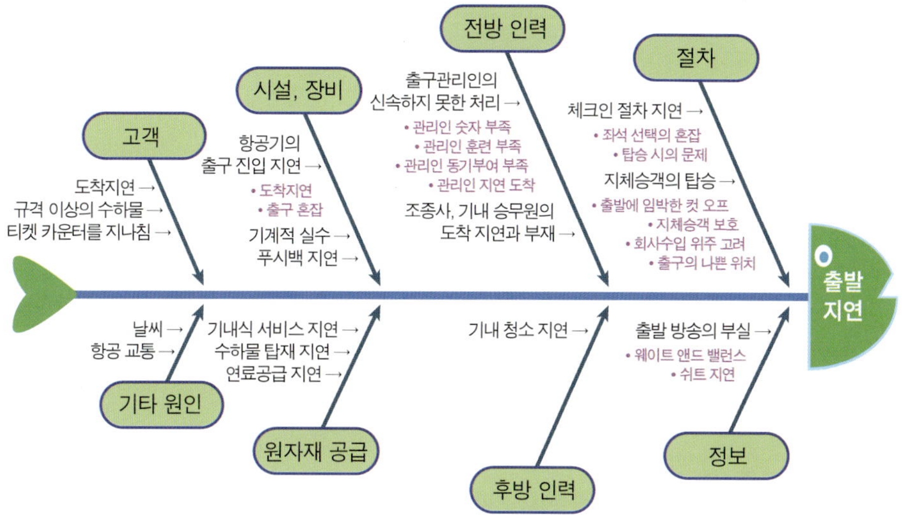

[그림 11-1] 피시본 다이어그램

출처: cs관리실무(양성원) 23 페이지

2. 서비스 보증

1) 서비스 보증의 의미

(1) 서비스 보증의 개념

- 제공된 서비스에 대해 만족하지 못한 고객에게 환불 또는 추후의 서비스를 제공하는 것이다(김효진·한상린, 2013; McDougall et al., 1998).
- 정해놓은 서비스 품질에 대한 약속에 대해, 그 약속을 지키지 못했을 경우 보상하겠다는 의미이다.
- 서비스 품질관리의 방법으로 서비스 품질을 향상시키기 위한 방법으로 성공적일 경우 고객만족에 효과적이다.

(2) 서비스 보증의 의의

- 고객과 직원에게 기업이 추구하는 서비스의 방향과 서비스 표준을 알게 한다.
- 서비스의 요소별 고객의 기대와 요구에 대해서 확실하게 알게 한다.
- 고객의 서비스 품질 평가에 대한 정보를 제공하게 한다.
- 기업의 표면에 드러나 보이는 서비스 실패뿐만이 아니라 잠재적으로 드러나지 않는 서비스 실패를 발견하게 한다.
- 장기적 측면에서 고객의 충성도를 높이게 한다.

2) 서비스 보증의 조건

(1) 간편성

- 서비스 보증의 절차는 그 프로세스가 쉽고 간단해야 한다.
- 까다로운 보증절차, 복잡한 서식, 반복되는 과정은 중도에 보증청구를 포기하게 한다. 불필요한 절차로 고객의 불편을 야기하게 하는 것을 지양한다.
  예) 자동이체 해지, 인터넷의 가입 해지, 휴대폰 부가서비스 해지

(2) 신속성

- 서비스 보증은 신속하게 보상을 해야 한다.
- 보증처리 시간과 보상이 신속하게 진행되지 않는 것을 의미한다.
  예) 타당성이 인정되는 경우 A/S 기간 내에 보상청구,
  타당성이 인정되는 금융상품 판매 후 이의 제기 후 환불 및 해지

(3) 구체성

- 서비스 보증은 구체적으로 명시되어야 한다.
- 무엇을 어떻게 보상하고 보증하는지에 관련하여 상세하게 명시되고 기술되어야 함을 의미한다.

  예) 이마트의 피큐어매장 '다른 곳 보다 비싸면 5000원 보상'

(4) 용이성

- 서비스 보증은 고객이 쉽게 이해하며, 용이한 의사소통이 필요하다.
- 고객이 쉽게 이해할 수 있는 수준으로 정보제공을 하며, 고객의 기대를 정확하게 파악하여 서비스를 제공하는 것이 필요하다.

  예) 따끈따끈한 모닝 빵은 7시에서 8시 제공

(5) 무조건성

- '고객의 의견이 무조건 옳다'라는 마인드가 필요하다.
- 고객과 논쟁이 발생하게 되면 일단 고객의 입장에서 생각하고, 고객의 불평을 해결하려는 노력을 한다. 고객과의 논쟁은 기업적 손실과 연결될 수 있으므로 교환과 환불한다.

  예) 코스트코의 무조건 교환과 환불

3. 서비스 회복

1) 서비스 회복의 의미

(1) 서비스 회복의 개념

- 서비스 실패에 대한 반응으로서 고객불만을 회복하기 위해 기업이 취하는 일련의 모든 활동을 의미한다.

학자	개념
Gronroos (1988)	서비스 실패에 대응하여 기업이 취하는 행동
Parasuraman (1993)	최초의 서비스 제공에 대한 고객의 지각이 고객의 인내영역 이하로 하락한 결과에 따른 서비스 직원의 실행
Zemke & Bell (1990)	제공된 서비스와 상품에 상처받은 고객을 만족상태로 되돌리는 과정
Maxharm Ⅲ et al. (2001)	서비스 실패를 수정하기 위해 기업이 취하는 일련의 조치
Weun et al. (2004)	특정한 서비스 문제의 해결방안과 조치를 통해 고객들의 불만족한 감정을 해결하고자 하는 기업의 활동

출처: 임철환(2011) 연구 보완

서비스 회복의 역설

서비스 불만족을 경험했더라도 만족하는 서비스 회복을 경험한 고객은 처음부터 전혀 서비스에서 문제가 없었던 고객들보다 만족도가 높으며 재구매 가능성이 높다는 것을 의미한다.

(2) 서비스 회복의 유형

❶ 보상을 통한 서비스 회복

- 서비스 제공, 무료상품, 할인쿠폰, 무료 업그레이드 등

❷ 행동을 통한 서비스 회복

- 서비스 변화, 보상, 대체 상품, 적립금, 상품권 등

(3) 서비스 회복의 3단계

❶ 회복 전 단계

- 서비스 실패가 발생할 때 시작되어, 직원이 서비스 실패를 인지할 때까지의 기간으로 초, 분 정도의 매우 짧은 순간에서 몇 날, 몇 주, 몇 달이 되기도 한다.
- 고객은 이 기간 동안에 서비스 회복에 대한 기대를 가지게 되는 단계라고 할 수 있다.

❷ 회복 단계

- 서비스 직원이 서비스 실패를 인지한 시점에서 시작되어, 고객에게 만족할 정도의 조치를 취해 주었을 때 끝나게 된다.
- 고객의 불만에 반응하는 시점이 늦어질수록 고객의 충성도와 만족도는 점차적으로 감소하게 된다.

❸ 회복 후 단계

- 고객이 만족할 정도의 회복을 받은 후에 시작된다.
- 회복의 성공 여부에 따라 필요할 수도 있고, 필요하지 않을 수도 있다.

(4) 서비스 회복의 접근 방법

❶ 사전예방 접근

문제점을 사전에 발견하고 실패로 발전되지 않게 하고 개선하는 방법이다. 실패가 발생하기 전에 미리 공지하거나, 미리 연락하여 조치를 취함으로써 고객의 불만을 사전에 예방할 수 있다.

❷ 사례별 접근

불평하는 고객에 대해 개별적으로 응대처리가 가능하여, 비용 감소와 응대처리가 비교적 용이한 반면 다소 체계적이지 못한 방법이다.

❸ 체계적 접근

실패사례와 회복방법에 대해 데이터화 하고 표준화하여 사례별로 접근하는 방법이다. 실패사례, 회복방법, 회복규정, 회사방침을 프로세스화하여 고객에게 대응하고 처리할 수 있다.

❹ 비교우위 접근

경쟁사의 고객 불만과 실패를 거울로 삼고 보다 나은 서비스를 제공하여 고객을 끌어오는 방법이다.

2) 서비스 회복의 전략

(1) 효과적 서비스 회복을 위한 고객 응대 전략

- 서비스 회복은 제도적인 부분의 규정과 방법도 중요하지만 서비스 회복의 보상과 해결 과정상의 태도도 중요함을 인지한다.
- 직원 교육을 통한 효과적인 사전, 사후 고객 불만을 관리한다.
- 진실의 순간에서 고객의 입장을 이해하고 공감하는 접근을 한다.
- 고객 불만에 대해 체계적인 접근과 공정한 처리를 한다.
- 고객 불만을 고객만족 활동의 기회와 보완, 혁신의 발판으로 삼는다.

(2) 단계별 서비스 회복을 위한 고객 응대 전략

- 직원교유고객은 서비스 회복 프로세스에서 단계별로 고객 불만의 방법이 다르게 표출될 수 있다.

❶ 분노단계 고객

- 처음 서비스 실패를 경험한 고객은 감정적으로 분노가 일어나는 상태이므로 직원은 세심하고 자상한 도움을 주면 공감한다.
- 고객의 화가 난 감정을 알아주고, 경청하며, 변명하지 않는다.

❷ 흥분단계 고객

- 고객의 감정을 자극하거나 자신의 감정을 조절하여 고객과 개인적인 감정적 논쟁과 싸움으로 번지지 않도록 한다.
- 고객과의 관계에서 끝까지 이성을 잃지 않고 자제한다.

❸ 진정단계 고객

- 어느 정도 회복과 진정의 단계에 들어선 고객에게 언짢은 말과 행동으로 다시 자극하지 않도록 한다.

- 고객의 감정적 소모에 대해서 이해하고 공감한다.
- 사과와 문제해결을 확실하게 약속한다.

❹ 정리단계 고객

- 끝까지 책임감 있는 자세로 행동한다.
- 고객의 행동에 대해서도 수용해 줄 수 있는 여유와, 고객 스스로 지나친 행동에 대해서 난감해 하거나 미안해 하지 않도록 고객의 마음에 대해서도 함께 이해하고 정리한다.

(3) 효과적인 서비스 회복을 위한 프로세스 전략

❶ 사과 및 인정

- 고객이 불만을 쉽게 토로할 수 있도록 하며 고객의 불만을 인정하고 사과한다.

❷ 경청, 감정이입, 질문

- 고객의 말을 경청하고 공감하고 이해하며 질문을 통해 의견을 구한다.

❸ 신속하고, 공정하게 문제해결

- 고객의 불만족에 대한 적절한 대처 방식을 디자인하고, 문제에 대한 공정한 해결 방안을 제시한다.

❹ 보상

- 고객의 불만에 대한 적절한 보상을 제공한다. 재발 방지를 위한 방안을 마련한다.

❺ 추적 조사

- 재발 방지를 위한 방안을 마련한다.

❻ 약속이행

- 고객과의 약속을 이행하고 사후 고객관리한다.

❼ 서비스 회복

- 불만처리에 상부보고 체계 구축, 데이터베이스를 구축 활용하여 서비스 회복 기준을 마련한다.
- 고객접점 직원들의 고객 불만을 효과적으로 처리할 수 있도록 권한을 부여한다.

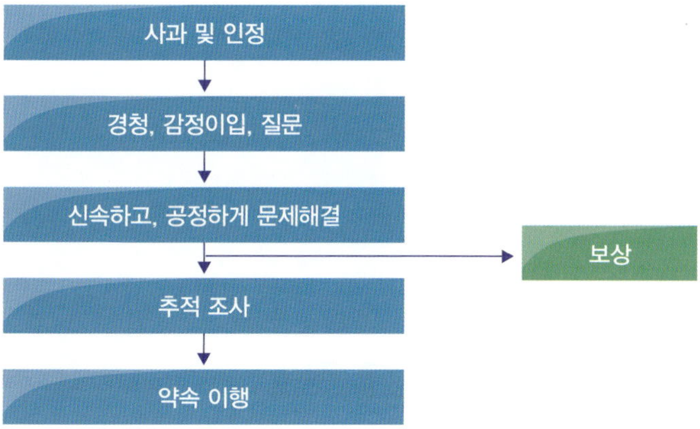

[그림 11-2] 효과적인 서비스 회복을 위한 프로세스 전략

출처: Zemke, R., Bacon, T. R., & Bell, C. R. (2000).
Knock your sock off service recovery. AMACOMDiv American Mgmt Assn.

Worksheets

1. 내가 경험한 서비스 실패와 서비스 회복사례에 대해서 정리해 봅시다.

■ 나의 서비스 실패 사례:

■ 나의 서비스 회복 사례:

MEMO

Chapter

12

서비스 경영 관리

학습목표

- 기업의 변화를 학습하고 서비스 패러독스, 서비스 청사진을 이해한다.
- 고객관계관리 개념과 스마트시대 고객관계관리를 이해한다.
- 서비스 마케팅전략과 서비스 브랜드전략을 이해하고 설명한다.

1. 서비스 경영 관리

1) 기업경영 변화

(1) 1970년대의 기업경영 방식

- 기업은 고객을 수동적 소비자의 개념으로 물건을 구매하는 소비자로 생각했다.
- 상품의 품질보다는 단일한 욕구를 가지고 기업이 만들어서 공급하는 상품을 수동적으로 구매하는 사람으로만 인식하고 공급하였다.
- 고객과 기업은 단순히 물건을 만들고, 팔고 사는 판매의 관계가 형성되었다.

(2) 1980년대의 기업경영 방식

- 시장경제가 활성화되고, 경쟁이 치열해지면서, 기업은 고객의 중요성을 인식하기 시작하였다.
- 수요와 공급의 균형이 깨지고, 공급이 수요를 초과하고 기업에 대한 고객의 영향력이 증대되면서 기업은 품질관리에 대한 관심이 고조되기 시작한다.
- 경영자는 품질관리에 따라 품질 경쟁이 어려워지면서 서비스와 고객 만족의 중요성을 인식하기 시작하였다.

(3) 1990년대의 기업경영 방식

- IT 기술 향상, 통신의 발달을 통해 데이터베이스를 활용한 마케팅이 등장하였다.
- 데이터베이스를 활용한 고객관리는 다양한 고객의 욕구를 충족시키지는 못하고 단순하게 데이터를 활용하는데서 크게 벗어나지 못하는 관리 차원에 머무르는 수준이었다.

(4) 2000년대의 기업경영 방식

- 고객관리의 중요성을 깨닫고 고객은 기업의 생존에 직접적인 영향을 미치는 중요한 존재임을 인식하게 된다.
- 전사적 고객관계관리(CRM), 고객경험관리(CEM)의 시대가 시작되었다.
- 고객은 기업의 물품이나 서비스의 생산과정에서 능동적 참여자로 변화되었고, 거업과 동반자로 인식되었다.
- 고객지향기업문화가 형성되는 경영방식이 도입되었다.

(5) 최근의 기업경영 방식

❶ 코비드(COVID-19) 이전

- 이메일과 인터넷의 보편화로 E-CRM의 개념이 새롭게 탄생되었다.
- 다양한 채널을 통해, 다양한 고객정보 수집을 통해, 수집된 고객 관련 데이터를 통계적 기법을 이용하여 유용한 정보를 찾아내는 웹 마이닝(Web Mining)을 활용한다.
- 고객의 관심 분야, 니즈 파악, 고객 세분화를 통해 1:1관계 형성을 실현하였다.
- 마케팅 중심이 기업에서 고객으로 이동하면서 고객의 힘이 커지고 되고, 고객만족경영의 실패와 성공 여부가 기업 생존에 중요한 영향을 미치게 되었다.

❷ 코비드(COVID-19) 이후

- 코로나 사태로 재택근무와 전자상거래가 늘어났다.
- 언택트 산업과 온택트 산업의 발달을 가져왔다.
- 언택트 산업의 발달은 모든 과정이 하나의 공간, 정해진 시간대에 동시에 이뤄지도록 설계하는 디지털의 혁신으로 디지털 서비스 체계를 바꾸어야 놓았다.
  예) 대부분의 민원처리를 2~3일 이내에 끝낼 수 있도록 해야 하는 것이다.

• 교육, 문화, 경제, 사회 등 영역별 수직 체계가 아닌 기능별로 수평화된 서비스를 제공하게 된다.

잘 나가던 추억의 '베니건스' 어디로 사라졌나

국내 줄줄이 철수… 위기의 '패밀리 레스토랑'

[프라임경제] 패밀리 레스토랑의 전성기였던 2000년대 초 '몬테크리스토 샌드위치'로 유명했던 '베니건스'를 기억하시나요?

10년 전 오늘인 2010년 2월 23일은 중견 게임업체 바른손게임즈가 베니건스를 인수했던 날입니다. 바른손게임즈는 베니건스를 운영하던 '롸이즈온'의 최대 주주였던 오리온 그룹이 보유한 지분 98.6%를 인수했다고 이날 밝혔습니다. 인수 계약을 통해 패밀리 레스토랑 체인점인 베니건스의 국내 경영권을 확보하며 베니건스를 지방 중소 도시로 확장하고 공격 경영에 나설 것이라는 입장을 전하기도 했는데요.

바른손게임즈는 베니건스의 부채 200억 원을 떠안는 조건으로 24억 원에 인수했습니다. 그러나 인수 첫 해 8억1,300만 원의 영업이익을 낸 뒤로는 사업을 철수한 2016년까지 매년 70억 원의 적자를 기록했고, 결국 베니건스는 국내에서 사라지게 됩니다.

■ 외식산업 이끌던 추억의 '패밀리 레스토랑'

1990년대 후반부터 2000년대 후반까지 아웃백과 빕스, TGI프라이데이스, 베니건스 등 패밀리 레스토랑이 외식산업을 주도했습니다.

아시안게임과 올림픽을 거친 후 1990년대는 외식시장이 성장하면서 서양식 패밀리 레스토랑이 국내로 유입되기 시작했습니다. 1988년 3월 서울 강남구 신사동에 개점한 미도파 '코코스'가 패밀리 레스토랑의 시초라고 할 수 있는데요.

이후 TGIF, 베니건스, 토니로마스, 아웃백스테이크하우스, 마르쉐 등 각양각색의 패밀리 레스토랑이 국내에 생겨났습니다.

당시만 해도 해외여행객이 많지 않았습니다. 그래서인지 해외 콘셉트의 레스토랑들은 접하기 힘든 특별한 메뉴를 맛볼 수 있어 고객들 사이에서 큰 인기를 끌었죠.

인천공항에서 많은 국내 손님과 외국인 손님을 맞았던 패밀리 레스토랑 '베니건스' © 인천공항 홈페이지

외식이라고 하면 고깃집이나 뷔페 등이 주를 이루던 터라 분위기와 맛이 검증된 외식업체가 많이 없던 것도 한몫했는데요. 이때 가족, 친구, 연인들의 모임 장소로 좋은 패밀리 레스토랑의 인기는 그야말로 절정에 달했습니다. 고객 눈높이에 맞춘 서비스와 세련된 인테리어 또한 '특별한 날 찾고 싶은 곳'으로 자리매김했습니다.

■ 10년간 외식산업 어떻게 달라졌나

2000년 초반 인기를 끌던 패밀리 레스토랑은 2010년 초중반 주춤하기 시작했습니다. 업계 1위를 기록하던 아웃백 역시 2014~2015년 전국 109개 매장 중 34개 매장이 문을 닫았는데요. 2개였던 매장이 2015년 142개까지 줄어들기도 했죠. 그러나 2016년 베니건스 철수를 시작으로 업체들이 전반적으로 실적 부진을 겪으며 몸집 줄이기에 나섰는데요. 아웃백은 2013년 약 250억원의 영업

이익을 냈지만 2014년 90억 원까지 하락했습니다. 2013년 '마르쉐'와 '씨즐러' '칠리스' '데니스' 등 유명 패밀리 레스토랑이 줄줄이 문을 닫는가 하면, 이랜드의 애슐리는 2014년 152개였던 매장이 2015년 142개까지 줄어들기도 했죠.

패밀리 레스토랑 업계가 빠르게 위축된 이유는 하루가 다르게 변화하는 외식업계 소비 트렌드를 따라가지 못했기 때문입니다. 1인 가구 증가와 배달문화 확산 그리고 계속해서 특별함과 새로운 것을 원하는 소비자의 욕구를 충족하지 못한 것이죠.

2014~2015년 외식업계는 '웰빙 열풍'을 타고 '한식 뷔페'로 눈을 돌렸습니다. CJ푸드빌은 '계절밥상'을, 이랜드는 '자연별곡'과 '별미가', 신세계푸드는 '올반'을 론칭하는 등 한식뷔페로 건강한 먹거리 열풍을 선도해 갔습니다.

하지만 이는 5년을 채 못 넘기고 다시 하락세로 돌아섰는데요. 대표적으로 CJ푸드빌의 계절밥상은 2017년 매장 수 54개에서 2018년 29개로 1년 만에 절반에 가까운 매장을 철수하는 등 몸집을 줄였습니다.

현재, 패밀리 레스토랑뿐 아니라 대부분의 레스토랑형 프랜차이즈 외식업체들이 점차 설 자리를 잃어 가고 있습니다. 1인 가구 위주의 배달 문화 확산과 가정간편식(HMR) 품질이 높아지면서 예전처럼 모임을 위해 레스토랑은 찾는 사람들이 줄고 있는 것인데요.

외식업계에서는 신메뉴 개발과 특화 매장을 확산에 힘을 싣는 등 재도약을 위해 힘쓰고 있습니다. 소비자들의 성향이 달라지고 시장이 빠르게 변화하고 있는 만큼 향후 외식업도 변화에 맞춰 빠른 대응을 하는 곳만 살아남지 않을까 싶습니다.

출처: 김다이 기자 kde@newsprime.co.kr[1]

2) 서비스 패러독스

(1) 서비스 패러독스 개념

서비스 패러독스란 과거에 비해 경제적인 풍요와 부가 축적되어 서비스의 비중이 높아짐에도 불구하고 서비스 품질이 악화되며, 고객도 그렇다고 느끼는 현상을 말하다.

(2) 서비스 패러독스 원인

고객만족, 서비스가 중요해지는 시점에서 기업은 말뿐인 '고객만족'을 외치면서 실제적인 고객을 위한 노력의 진행이 부족하기 때문이다.

1) http://www.newsprime.co.kr/news/article/?no=494328

❶ 서비스의 기계화

기업의 효율성 및 비용절감의 이유로 인간적인 서비스를 기계적인 서비스로 대체하고 있다. 예를 들어, 기계적인 사과의 말, 시간절약을 위한 ARS시스템은 감성과 공감이 부족하게 느껴진다.

❷ 서비스 표준화

규정과 매뉴얼에만 의존한 서비스 직원은 자율적인 서비스로 고객을 만족시키기 어려운 상황이다.

❸ 서비스 동질화

차별화된 서비스가 아닌 획일적이고 동일한 서비스는 고객 상황에 맞지 않는 개별적 서비스의 부재가 발생하게 된다.

❹ 서비스의 인간성 상실

서비스의 효율성만을 강조하는 과정에서 인간을 기계처럼 취급하게 되며, 인간성의 무시가 생길 수 있는 폐단이 발생하게 된다. 이 과정에서 서비스 직원의 사기저하, 스트레스가 고객에게 이어지게 된다.

❺ 기술의 복잡, 다변화

새로운 제품과 기술의 발달은 서비스 직원이나 고객도 따라가지 못하는 상황을 발생시키고, 그 과정에서 서비스를 받기 위한 시간과 노력에 대한 불만족이 발생하게 된다.

❻ 서비스 직원 확보의 어려움

신규 서비스 직원의 확보, 서비스 직원에 대한 충분한 교육과 훈련이 부족해짐에 따라 업무량 과다에 따른 서비스 직원의 어려움이 발생하게 되는 악순환이 발생하게 된다.

(3) 서비스 패러독스 탈피

서비스에 대한 재해석을 통해 직원의 서비스 마인드의 재정립이 필요하다.

S (sincerity, speed, smile) 서비스는 진심으로 빠르게 미소가 있어야 한다.
E (energy) 서비스는 에너지가 넘쳐야 한다.
R (revolutionary) 서비스는 혁신적이어야 한다.
V (valuable) 서비스는 가치가 있어야 한다.
I (impressive) 서비스는 감동적이어야 한다.
C (communication) 서비스는 소통이 되어야 한다.
E (entertainment) 서비스는 유쾌해야 한다.

출처: 환대산업 서비스 경영(박영제 · 강인호 · 우경진) 중에서

3) 서비스 청사진

(1) 서비스 청사진 개념

- 서비스 청사진(Service Blueprint)이란 핵심 서비스 프로세스를 서비스의 특징이 나타나도록 객관적으로 설명해 좋은 것으로, 서비스 프로세스 실행과 개선을 위해서 필요하다.
- 고객에게 제공되는 서비스의 전체과정을 한눈에 볼 수 있게 해 주는 그림이다.
- 서비스에서 직원, 고객, 지원 부서(Back Office), 기업이 서비스 전달과정에서 각자 맡은 역할과 단계, 서비스 흐름을 이해할 수 있다.
- 기업은 서비스 접점의 직원과 직무를 연계하여 잠재적 서비스 실패 가능성을 알고 고객 지향적인 기업으로 개선할 수 있다.
- 서비스 청사진은 서비스의 전달 프로세스와 고객과 직원의 역할, 사시적인 서비스 구성요소 등을 동시에 보여줌으로써 서비스 프로세스를 시각화 시켜준다.

(2) 서비스 청사진 구성요소

❶ 고객 행동

고객의 행동은 서비스 구매, 소비, 평가에서 고객이 직접 수행하는 활동을 의미한다.

예) 호텔(선호 호텔 선택, 예약, 주차, 객실 이용, 식당 이용, 이용 후 평가 등)
　　항공사(항공사 선택, 예약, 좌석배정 등)

❷ 직원 행동

고객의 눈에 가시적으로 보이는 서비스 접점 직원의 행동을 의미한다.

예) 서비스 접점 직원의 모든 행동과 말

❸ 지원 직원 행동

후방(지원) 직원의 행동은 고객에게 직접 드러나거나 보이지 않지만, 서비스 업무를 원활하게 진행할 수 있도록 지원하는 내부적 서비스이다.

예) 호텔(레스토랑의 주방에서 일하는 직원, 호텔 전기)

항공사(항공기 케이터링 센터, 안전 정비 등)

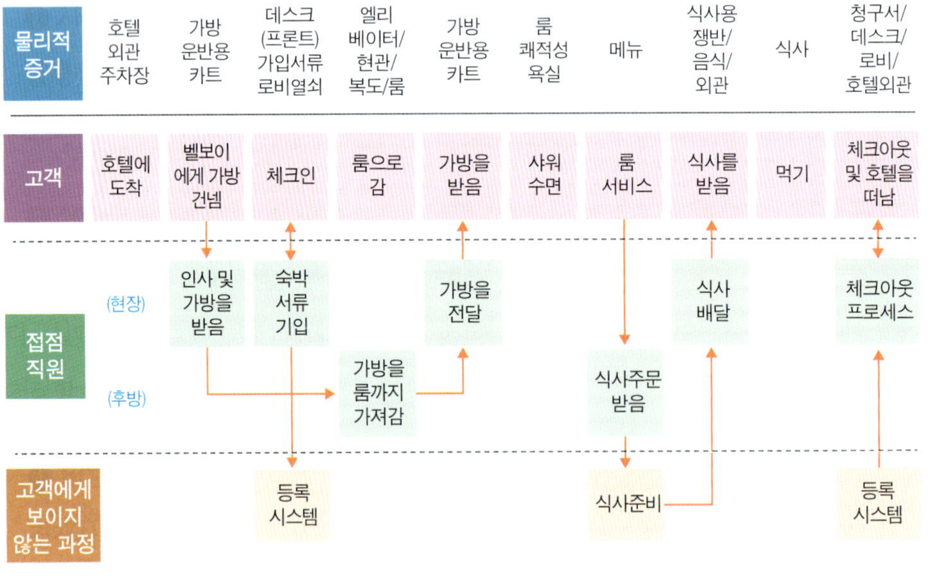

[그림 12-1] 서비스 청사진

2. 서비스 고객관계관리

1) 고객관계관리(CRM) 개념

- 고객을 이해하고, 고객의 말에 귀 기울이고, 고객에게 권한을 부여해서 고객을 진정으로 응대하는 방법이다.

- 고객의 감정을 알고 이해하는 것은 매우 중요하며, 서비스에서는 실제적 해결과 응대보다 감정적 해결과 응대가 중요할 경우가 있다.

(1) 고객관계관리 개념

- 고객관계관리란 CRM, 즉 customer relationship management의 약자이다.
- 고객의 정보를 수집하고, 정보를 분석한 후 효과적으로 활용함으로써 고객을 관리, 유지, 가치를 극대화시킨다.
- 고객 행동 양식과 패턴의 이해를 바탕으로 기업의 서비스경영의 품질을 높이기 위한 전략적 조직적 프로세스이다. 마케팅, 판매, 고객 서비스 등이 포함된다.
- 고객정보의 전략적 관리를 통해 '신규고객창출, 충성고객유지, 고객가치 증대, 잠재고객의 활성화, 평생고객유지'라는 의미를 가질 수 있다.
- 고객의 정보를 수집하고, 정보를 분석한 후 효과적으로 활용함으로써 고객을 관리, 유지, 가치를 극대화시킨다.
- 고객에 대한 데이터베이스나 지식을 바탕으로 심층적인 분석을 통하여 고객 개개인에게 개별화된 맞춤 서비스를 제공하여 고객감동과 충성 고객을 확보하는 것이 CRM마케팅 전략이다.

(2) 고객관계관리 특·장점

- CRM은 인간적인 신뢰관계를 기본전제로 하되, 고객이 진정 원하는 니즈를 파악하고 만족시켜, 고객감동과 전략적인 대안과 기업의 서비스경영기법을 발굴하는 데 의의가 있다.

❶ 특징

- CRM은 시장점유율보다 고객점유율에 비중을 둔다.
- 새로운 고객 획득보다는 현재 고객 유지에 중점을 둔다.
- 고객과의 관계에 중점을 둔다.

❷ 장점

- 비용은 적게 들고 높은 수익을 얻게 한다.
- CRM마케팅은 기존 고객을 유지시키며, 신규 고객을 창출한다.
- CRM마케팅은 업무프로세의 정립을 통해 업무를 효율적이고 효과적으로 하게 한다.
- 고객의 니즈를 파악함으로써 충성고객 확보가 용이해진다.
- 서비스 개발 및 서비스 향상에 도움이 된다.

이케아의 성공요인

이케아(IKEA)는 스웨덴의 가구 제조 회사이다. 독특한 디자인, 저렴한 가격으로 전 세계적으로 사랑을 받고 있으며 우리나라에도 여러 곳의 매장과 제품은 인기가 많다.

이케아가 성공한 이유는 여러 가지가 있지만, "고객관리", "저렴한 가격"과 "높은 고객 만족도"를 간과할 수 없다.

먼저 이케아는 고객을 단순히 사업관계가 아닌 파트너, 팀원, 가족처럼 대한다. 거대기업으로 어려운 기업이 아니라 고객의 눈높이에 맞추어 니즈를 파악하고자 했던 것이다.

이케아는 고객에 대한 정보를 구체적이고 직접적으로 확보하고 있어, 어떤 제품을 구입했는지, 어떻게 반응했는지, 어떤 제품을 그냥 지나치고 구매하지 않았는지 세밀하게 분석하고 있다. 가끔 방문하게 되는 고객의 집에서도 필요한 것이 무엇인지를 정보화하고 분석하여 활용하는 것이다.

저렴한 가격은 이케아의 초기부터 추구해오던 가치이다. 가구를 조립형 부품으로 설계하고, 고객이 직접 만들게(DIY, Do It Yourself) 한 것이 핵심이었다.

가구의 부피를 줄여 운반과 보관에 드는 비용을 감소시킬 수 있었고, 고객이 직접 싣고 가도록 하면서 배송비도 절감한 것이다. 고객은 만들어진 가구를 그냥 구입하는 것보다 고객 스스로 조립한 가구에 더 큰 애착을 가지게 된다.

고객이 원하는 것을 저렴하게 구입할 수 있다는 것이 성공의 비결일 것이다.

출처: [잼있는 경영 이야기] "이케아"의 성공 비결이 바로 이것!?(feat. 블루오션 전략)
작성자 스쿨잼, 이코노키 인사이트 중에서

2) 스마트 시대 고객관계관리

(1) 고객과의 소통을 기록한다

- 치킨을 시켜먹는 사람이 "무 대신 소스를 주세요"라는 요구에 대해 주인은 기록을 하였고, 그 이후 주문에서도 "무 대신 소스로 드릴까요?"라고 묻는다면 사소한 말 한마디가 데이터베이스화의 시작이 될 것이다.

(2) 고객의 정보는 경쟁력이다

- 고객중심의 사회에서 고객의 정보 분석은 필수적이며, 그것을 통해 차별화된 서비스 제공은 기업의 성공과 직접적으로 연관이 될 것이다.

(3) 고객에게 유용성 있는 가치를 제공하자

- 스마트폰은 현대사회에서 필수품이 되었다. 스마트폰의 활용을 통하여 고객에게 유용성 있는 가치와 재미를 제공하는 것 또한 필요하다.
- 고객에게 단순한 서비스가 아닌 더 재미있고 유용한 가치를 느낄 수 있는 차별화된 서비스 제공이 필요하다.

3. 서비스 전략

1) 서비스 마케팅 전략

(1) 마케팅 믹스(Marketing Mix)의 4P 변화

- 마케팅 믹스란 기업이 계획한 마케팅 목표를 이루기 위하여 경영자가 통제할 수 있는 마케팅 요소인 제품, 유통 경로, 판매 가격, 판매 촉진의 4요소를 활용하고 합리적으로 결합하여 전략을 수립하는 마케팅 활동을 말한다.
- 4P는 하버드 대학 Jerome Macarthy 교수에 의해 창안된 개념으로 Product(상품), Price(가격), Place(장소), Promotion(촉진)을 말한다.
- 전통적인 마케팅은 기업중심 곧 공급자, 제공자(Marker) 중심으로 이루어졌으나 마케팅 믹스의 4P가 고객(Customer) 중심의 4C로 변화하여 사용되었다.
- 고객중심 마케팅믹스 현상이 나타나면서 4C를 표방하였으며, 4C는 Customer Benefit(고객의 혜택), Cost(비용), Convenience(편리성), Communication(소통)을 의미한다.
- 고객이 얻을 수 있는 것은 무엇인가? 고객에게 발생하는 비용은 얼마인가? 고객이 제품을 구매하는 데 얼마나 편리한가? 이 제품에 대하여 기업은 얼마나 공감하며 고객과의 소통하고 있는가? 이러한 것들이 마케팅 요소에서 매우 중요해지기 시작했다.

(2) 관계중심 마케팅 믹스[2)]

- 관계중심의 마케팅 역시 고객중심을 의미하나 고객들 중에서도 특정 브랜드에 대한 호감도가 높아서 "이 브랜드는 꼭 사야 해, 얘들 브랜드는 사야되는 거야." 이런 고객을 위한 마케팅이라고도 볼 수 있고, 고객에게 이 정도의 브랜드

2) [온라인마케팅 기초를 배우다3] 전통적인 마케팅 믹스 변화와 흐름|작성자 젠타일 프로덕션

호감을 불러일으킬 수 있도록 하는 마케팅을 관계중심의 마케팅이라고 할 수 있다.

- 대표적인 것을 바로 4R이라고 하며, Responsive(반응), Relevant(관련된), Relationship(관계), Return(이익)이 있다.
- 콘텐츠를 업로드하면 댓글이 달리면서 고객들의 반응을 살펴볼 수 있으며, 여기에 CS(고객만족), 이메일, 문의 등이 들어올 때 빠르게 요구에 답변, 반응해 주어야 한다.
- 고객은 직원의 반응에 따라서 '내 이야기를 들어주고 있구나', '내 의사가 반영되는구나'를 느낀다.
- 또한 고객의 일상과 고객이 무엇을 검색하고 필요로 하는 그곳에 과연 우리 제품이 관련되어 있는가? 고객이 원하는 제품에 우리의 제품이 있는가? 관계는 그냥 소비자와 관계가 아닌 소비가 제품에 대한 브랜드에 대한 애정이 있는가?에 따라 충성고객, 우호고객을 분류하고 창출할 수 있다.
- 리턴은 고객은 우리 제품을 통해 얻을 수 있는 만족, 기쁨, 이익은 무엇인지에 대한 것이다. 마케팅 흐름의 변화에 따라 이러한 고객의 요구와 의사가 잘 반영되고, 느낄 수 있어야 좋은 마케팅이 되었으며 고객과 함께 할 수 있다.

2) 서비스 브랜드 전략

(1) 서비스 브랜드 개념

- 브랜드는 유럽에서 불로 달군 쇠로 소, 말 등의 가축에 낙인을 찍어 표시하는 데서 생겨났다.
- 마케팅적으로는 기업에서 서비스를 다른 경쟁사의 것과 구별해서 알 수 있도록 표시하는 단어, 문자, 기호, 디자인 혹은 이들의 조합이라고 정의한다.
- 브랜드는 기업에서 제품이나 서비스를 구별하고 경쟁사들이 제품과 서비스에

차별화하기 위해 사용하는 상징물이다.

- 브랜드를 통해 고객에게 제품, 제조업자를 인지시켜줌으로써 유사 제품을 제공하고 공급하는 경쟁기업으로부터 고객과 기업을 보호해 준다.
- 브랜드는 브랜드 네임, 로고와 심볼, 슬로건의 구분한다.
- 현대에는 브랜드는 자기 스스로, 즉 '나'를 표현하는 하나의 상징으로서 선호하는 브랜드에 지속적으로 관심을 갖게 된다.

(2) 브랜드 차별화 전략

- 브랜드는 기업의 무형의 자산이다. 장기적 안목으로 꾸준한 관리와 투자로, 고객의 인식 속에 자리매김하는 것이 중요하다.

❶ 브랜드 콘셉트

- 브랜드 콘셉트는 경쟁사와 차별화된 이미지로 구분 짓게 되며, 자사 브랜드를 보호하는 기능을 갖는다.
- 기업의 브랜드 콘셉트는 사업 방향, 마케팅 전략 방향을 설정하기 때문에, 기업이 지향하는 브랜드의 콘셉트는 소비 트렌드와 경쟁사의 분석에 맞춰 전략적인 실행이 필요하다.
- 이를 위해 먼저 선행되어야 할 점은 고객의 분석(소비욕구, 행동의도, 라이프스타일, 소득, 연령 등)이 중요하다.

❷ 제품

- 제품은 고객의 니즈와 고객에 의해 정의된 제품 개념에 따라 개발, 관리, 제공되어야 한다.

❸ 가격

- 시장에서 기업이나 고객에게 제품과 서비스의 가치를 판단이 되는 기준이다.
- '고마진 고가격', '저마진 저가격'의 판단이 필요하다.

❹ 유통

- 제품이나 서비스 자체의 흐름을 중심의 '물류'와 유통경로에 참여하여 일정한 역할을 하는 기관인 '유통기관' 중심의 유통으로 할 것인지 판단한다.

❺ 온라인

- 인터넷은 쉽고, 빠르고, 저렴하게 많은 정보를 제공할 수 있는 최적의 수단으로, 최신 정보를 실시간으로 제공할 수 있는 장점을 활용한다.

❻ 프로모션

- 판매촉진전략으로 광고, 홍보, 재고 및 신제품의 행사, 시연회, 다영한 이벤트 등으로 이용할 수 있다.

❼ 서비스

- 비슷한 양질의 다양한 제품들이 출시되면서 고객은 선택의 어려움을 느끼게 되었다. 따라서 기업들은 제품에 대한 차별화가 어려워지자 부가적으로 서비스의 차별화를 위해 많은 투자를 하고 있다.

(3) 서비스 브랜드

① 서비스 브랜드 정립

② 서비스 이미지 확립

③ 브랜드 상표화 전략 고안

Worksheets

1. 주변에서 서비스 경영의 변화를 제대로 파악하지 못하여 사라진 사례를 찾아보고, 사라진 이유에 대해서 정리하고 공유해 봅시다.

■ 사례와 이유

2. 주변에서 브랜드 차별화가 잘 이루어진 사례와 전략들에 대해서 정리해 봅시다.

사례	전략	이유
	브랜드 콘셉트	
	제품	
	가격	
	유통	
	온라인	
	프로모션	
	서비스	

참고문헌

강길호, 김현주(2003). 커뮤니케이션과 인간. 한나래.

강나경(2012). 생활예절과 이미지 메이킹. 공동체.

강성범, 정수용(2017). 비즈니스 문서 작성의 기술. 영진닷컴.

강정애 외(2014). 팔로워십론. 시그마프레스.

경향신문(2014.12.27). “집에 벌레가 하나 사는데”. 세스코 우문현답.

공병호(2001). 자기경영 노트. 21세기북스.

과학세대(역)(1994). 맨워칭. 까치.

교육부(2014). 비서 NCS 학습모듈.

김경환(2013). 호텔경영학. 백산출판사.

김광억(역)(1993). 오리진. 학원신서.

김남현(2001). 슈퍼리더십. 경문사.

김남현, 김정원, 류태모, 박봉규, 송경수(1999). 조직행동론. 진영사.

김미숙 외(2010). 초등국어 개념사전. 북이십일 아울북.

김석희(역)(2001). 털없는 원숭이. 정신세계사.

김영신(2008). 고객만족론. 한국학술정보.

김은정, 송기인(2014). 감성과 신뢰의 스피치기법. 커뮤니케이션북스.

김정일(1998). 성격대로 살아가기. 푸른 숲.

김주미 외(2014). 프로교사를 위한 이미지 메이킹. 창지사.

김준호(2002). 고객만족향상을 위한 서비스회복전략.

김진철 외(2006). 보보의 인간관계론. 청람.

김현기, 김연희, 문권모(2010). 리더십 사용설명서. 원앤원북스.

김현숙 외(2015). CS Leader. 시대고시기획.

김형섭(역)(1997). 한권으로 읽는 융. 푸른 숲.

김호정(2011). 갈등유형과 갈등관리방식의 관계: 교육행정직 공무원을 대상으로. 한국조직학보회, 8(2), 111-140.

나은영(2010). 한국인의 가치관 변화추이: 1979년, 1998년 및 2010년의 조사 결과 비교. 한국심리학회.

나인표, 이홍, 전상길(2004). 리더-하위자 관계 발전단계와 관계행동 및 태도에 관한 연구. 리더십연구(1), 189-220.
네이버 지식백과.
넥스트데일리(2016). 협상의 기술.
데루야 하나코(오키다 케이코, 김영철 역)(2002). 로지컬 씽킹. 일빛.
데이비드 허친스(김철인 역)(2002). 레밍 딜레마. 바다출판사.
동아일보(2016.2.24). 성공의 열쇠인 대인관계 깊이보다 넓이가 중요.
동아일보(2017.6.13). 회사 위해? 나를 위해 맘껏 일해보세요.
동아일보(2017.9.4). 작가의 일과.
동양일보(2016.6.8). 풍향계 갈등관리시대의 리더십〈신기원〉.
로버트 치알디니(이현우 역)(2005). 설득의 심리학. 21세기북스.
마이클 해머(2008). 리엔지니어링 기업혁명. 스마트비즈니스.
매경이코노미(2016.5.18). 레스터시티 우승에서 배우는 역습의 경영전략.
머니투데이(2013.2.6). 팀워크 구축의 네 가지 비결.
모튼 한센(이장원, 김대환, 안정호 역)(2011). 협업. 교보문고.
문화체육관광부(2013). 한국인의 의식 가치관 보고서. 한국리서치.
민도식(2008). 자기경영콘서트. 북포스.
민병철(2013). 결국, 좋은 사람이 성공한다. 넥서스.
민형종, 송계충(2010). 정부계약협상가의 협상전략과 협상성과의 관계: 협상가의 감성지능의 조절 효과. 경영경제연구, 22(1), 3-38.
박오수(역)(1992). 사회인지론. 법문사.
박원우(2004). 임파워먼트 실천 매뉴얼. 시그마인사이트컴.
박한호(2020). AI시대 휴먼커뮤니케이션. 다님길.
박혜정(2005, 2010). 고객서비스실무. 백산출판사.
백기복, 신제구(역)(1998). 퓨전리더십. 한언.
백종현(2004). 철학의 주요개념. 서울대학교 철학사상 연구소.
비키 브록(2015). 코칭의 역사. 코쿱북스.
사이토 다카시(2003). 질문의 힘. 루비박스.
세계일보(2016.3.3). 당신의 창의력을 높이는 5가지 방법.
세버린, 탠카드(박찬일 외 역)(2004). 커뮤니케이션 이론. 나남.
손병욱 외(2013). 스마트시대의 인성과 예절. 경상대학교출판부.
손일락 외(2014). 성공적인 면접과 취업의 길라잡이 비즈니스 매너의 이해. 한올출판사.
스티븐 코비(김경섭, 김원석 역)(1996). 성공하는 사람들의 7가지 습관. 김영사.

신인철(2007). 팔로워십, 리더를 만드는 힘. 한스미디어.

심윤섭(2013). 리더십의 또 다른 얼굴, 팔로워십. 예문당.

심윤정 외(2015). 고객서비스 실무. 한올출판사.

심윤정 외(2016). 서비스마인드와 글로벌매너. 양성원.

예지은 외(2009). "BR AVO Generation"신세대 직장인을 말하다. 삼성경제연구소. CEO Information, 제727호.

예지은 외(2011). 신세대의 특성과 조직관리 방안. 삼성경제연구소. Issue Paper.

오미영, 정인숙(2005). 커뮤니케이션 핵심 이론. 커뮤니케이션북스.

유종연(2012). 보고서 작성과 보고 불변의 법칙. 미래와 경영.

윤대혁(1999). 인간관계론. 무역경영사.

윤대혁(2010). 인간관계와 커뮤니케이션. 탑북스.

윤정헌(2001). 호텔기업 종업원의 팀웍이 조직몰입에 미치는 영향에 관한 연구. 산업경제연구, 14(4), 239-255.

이경미(2014). 글로벌 비즈니스 매너. 한올출판사.

이경우, 김경희(2007). 커뮤니케이션과 대인관계. 역락.

이나오리 가즈오(2010). 왜 일하는가. 서돌, 27, 63-68.

이상민(2011). 고객만족경영 실전바이블. 랜덤하우스.

이상민(2014). 고객만족경영실전바이블. 알에이치코리아.

이영돈(2013). 텔레비전 프로그램 기법. 커뮤니케이션북스.

이유재(2013). 서비스마케팅. 학현사.

이인경(2013). 인파워 & 서비스이미지 메이킹. 백산출판사.

이재희(2016). 비즈니스커뮤니케이션. 한올.

이재희 외(2016). 대인관계능력. 양성원.

이재희 외(2017). 리더스 커뮤니케이션. 양성원.

이재희(2018). 대인관계능력. 양성원.

이재희, 박효성, 이보람(2017). 프레젠테이션 전략. 양성원.

이재희, 최인희(2016). 비즈니스 커뮤니케이션(2판). 한올.

이재희, 최인희(2019). 비즈니스 커뮤니케이션(3판). 한올출판사.

이정학(2009). 서비스마케팅. 대왕사.

이정환 외(2010). 한 장 보고서의 달인이 되라. 아트크리에이트.

이종건, 박헌준(2004). 협상전략이 협상성과에 미치는 영향, 조직과 인사관리연구, 28(2), 95-129.

이지성(2005). 18시간 몰입의 법칙. 맑은소리.

이화직(2000). CRM이론과 사례. 한국능률협회.

이훈영, 정기택, 오경석(2008). 의료서비스 품질이 고객만족도에 미치는 영향에 관한 연구: 병원 부대시설의 서비스 효과를 중심으로. 서비스 마케팅저널, 1(1), 109-125.

임성은(2015). 자신과 타인의 이해. 한올.

임성은(2017). CS관리실무. 양성원.

임성은(2019). 인간관계와 휴먼커뮤니케이션. 양성원.

임창희(2006). 조직행동. 3판. 학현사.

잡코리아(2016). 직장인 10명 중 9명 '직장 세대차이' 느낀다.

장은주, 송현정(2016). 의사소통의 이해와 실제. 도서출판 청람.

장하용, 김연주(2013). 조직원의 성격유형에 따른 갈등관리방식의 차이가 조직커뮤니케이션 만족에 미치는 영향에 관한 연구. 한국언론정보학보, 62(여름), 95-118.

정민주, 장대성(2012). 항공사 객실승무원의 개인적 감성능력과 사회적 감성능력이 팀웍역량에 미치는 영향에 관한 연구. 한국항공학회논문지, 16(2), 318-329.

정주영(2009). 시련은 있어도 실패는 없다. 제삼기획.

조선일보 위클리 비즈(2016.2.27). 정해진 틀 없이 문제 해결해 가는 여러 전문가의 효과적인 협업 '빅티밍'이 중요해진 시대.

조선일보(2017.9.9). 헨리 밀러의 창작비결.

조현국(2011). 워크스마트 실천전략연구. 삼성경제연구소.

존 그레이, 바바라 애니스(나선숙 역)(2015). 직장에서 만난 화성남자 금성여자. 더난출판.

존 휘트모어(2007). 성과향상을 위한 코칭리더십. 김영사.

최병권, 정재식(2015). 당신은 최고의 멘토입니까. 새로운 제안.

켄 로이드(이민주 역)(2009). 매력 있는 팀장은 피드백이 다르다. 토네이도.

태컬리 커배너 외(박정준 역)(2013). 비즈니스 글쓰기의 모든 것. 도서출판 다른.

패럴 공(송경근 역)(2004). 우리가 열광하는 관리자: 퍼실리 데이터. 한언. 165-166.

한국문학평론가협회(2006). 문학비평용어사전. 국학자료원.

한국산업인력공단. NCS 대인관계능력 학습모듈.

한국산업인력공단. 비서매뉴얼

한국산업인력공단. 직업기초능력 대인관계능력 학습자용 워크북. 국가직무능력표준 홈페이지 (http://www.ncs.go.kr)

한국청소년연맹 편(2001). 인간관계훈련의 이론과 실제. 양서원.

한덕웅(2003). 한국인의 인생관으로 본 가치관의 변화: 30년간 비교. 한국심리학회.

한봉주(2014). 어떻게 자신을 변호시킬 것인가. 미래지식.

한상엽(2005). 리더의 성공, 팔로워십에 달려있다. LG주간경제 818호.

허성도(1995). 도시를 걷는 낙타 2. 사람과 책. 62.

홍용기 외(2001). 비즈니스 커뮤니케이션. 한올출판사.

홍용기(2007). 인적자원관리(2판). 형설출판사.

홍용기(2008). 인간관계론. 한올.

황현숙(역)(1996). 머리기른 원숭이. 까치.

CBS 노컷뉴스(2016.06.15). 삼성카드, 24시간 365일 Talk 상담 서비스.

Bernard, Sheila C.(2007). Documentary Storytelling. 커뮤니케이션북스.

Baron, R. A.(1991). Positive Effect of Conflict: A Cognitive Perspective. Employee Responsibilities and Rights Journal, 4(1), 25–36.

Brown, L. D.(1983). Managing Conflict at Organizational Interfaces, Reading. Mass: Addison Wesley Publishing Co.

Cardozo. R(1965). Op. cit. p249

Day, D. V., Fleenor, J. W., Atwater, L. E., Sturm, R. E., & McKee, R. A.(2014). Advances in leader and leadership development: A review of 25 years of research and theory. Leadership Quarterly, 25, 63–82.

Drafte, M. W., & Kossen, S.(1998). The Human side of Organizations(7th ed.). Addison Wesley, N.Y.

Goodman, J. (1999). Basic facts on customer complaint behavior and the impact of service on the bottom line. Competitive Advantage, 9(1), 1–5.

Gray(1992/1993). 인간커뮤니케이션과 미디어. 95–96.

Greene, R.(1998). Power of the 48 laws. A Joost Elffers Book.

Hall, R. H.(1996). Organizations(6th ed.). Prentice Hall, New Jersey.

Jonathon A. Flaum, 유영만 역(2011). 변화는 종이물고기도 헤엄치게 한다. 한국경제신문. 10–11.

Kelly, R. E.(1992). The Power of followership: How to create leaders people want follow and followers who lead themselves. New York: Double day Currency.

Kotter, J. P.(1990). A Force for Change: How Leadership Differs From Management.

Kotler, P.(2000). Marketing Management. 10th ed., New Jersey: Prentice–Hall. New York: Free Press, 3–8.

Lax, D. A., James K., & Sebenius, J. K.(1986). The manager and Negotiator: Bargaining for

Cooperation and Competitive gain. NY: Free Press. (Also published in Czech, French, Italian, and Spanish editions.).

Lewin, K.(1948). Resolving social conflicts selected papers on group dynamics.

Gertrude W. Lewin(Ed.). New York: Harper & Row.

Luthans, F.(1992). Organizational Behavior(6th ed.). MaGRAW-Hill, New York.

Maister. David. H.(1995). "The Psychology of Waiting Lincs: In The Service Encounter Managing Employee Customer Interaction." In Service Businesses. John A. Czepiel.

Manning, P. K.(1992). Organizational Communication. Aldine De gruyter, N.Y.

Mcshane, S. L., & Von Glinow, M. A.(2005). Organizations(3th ed.). McGraw-Hill, New York.

Michael R. Solomon. & Carol F. Suprenant.(eds). Lexington. MA: Lexington Books' 113-123.

ME TA Group.(1999). META group urges "Ecosystem" Approach to customer relationship management.

Michael Hammer & James Chanpy(2008). 리엔지니어링 기업혁명. 스마트비즈니스.

Miller, John A.(1977). "Studying Satisfaction, Modifying Models, Eliciting Expectations, Posing Problems, and Making Meaningful Measurements." In Conceptualization and Measurement of Consumer Satisfaction and Dissatisfaction.(Ed). H. Keith Hunt. Bloonington: School of Business, Indiana University, 72-91.

Morgan, G.(1989). Creative Organization Theory. SAGE Pub. London.

Myers, D. G.(1995). Psychology(4th ed.). Worth.

Oliver, R. L.(1997). Satisfaction: A Behavioral Perspective on the Consumer, New York: McGraw-Hill.

Paul Smith, 김용성 역(2013). 스토리로 리드하라. IGM books. 58-60.

Peter F. Drucker, 김수연 역(2009). 피터 드러커의 경영 블로그. 미다스북.

Peter G. Northouse, 김남현 역(2013). 리더십 이론과 실제(6판). 경문사.

Rahim, M. A.(1992). Managing conflict in Organizations(2nd ed.). Connecticut: Praeger Publishers.

Robert Johnston, Graham Clark, Michael Shulver(2008). 서비스운영관리. 한경사.

Robert K. Greenleaf, 강주헌 역(2006). 서번트리더십 원전. 참솔.

Robbins, S. P.(2003). Organizational Behavior(10th ed.). Prentice Hall, New Jersey.

Schein, E. H.(1987). Organizational Culture and Leadership. Jossey-Bass Pub., San Francisco.

Scott, W. R.(1987). Organizations(2nd ed.). Prentice Hall International, Inc. The Future of Jobs: Employment. Skills and Workplace Strategy for the Forth Industrial Revolution. World

Economic Forum, core work-related skills, Jan. 2106, 21.

Thompson, L.(2001). The mind heart of the negotiation(2nd ed.). New Jersey: Prentice Hall. U

Walumbwa, F. O., Avolio, B. J., Gardner, W. L., Wernsing, T. S., & Peterson, S. J.(2008). Authentic leadership: Development and validation of a theory based measure. Journal of Management, 34(1), 89-126.

Weingart, L. R., Thompson, L. L., Bazerman, M. H., & Carroll, J. S.(1990), Tactical Behavior and Negotiation Outcomes. International Journal of Conflict Management, 1, 7-31.

Winford E. Holland, 김은정 역(2004). 지금 당장 변해야 산다. 경성라인.

김명희(2003). DISC행동유형에 따른 결혼만족도 및 자녀양육행동 연구. 숙명여자대학교 박사학위논문.

김은경(2008). 대학생의 경조사매너교육에 대한 인식 연구: 서울시 4년제 남녀공학을 대상으로. 성신여자대학교 석사학위논문.

김현정(2014). 여대생의 취업을 위한 이미지 컨설팅에 관한 연구: 서비스업 중심으로. 중앙대학교 석사학위논문.

원은진(2005). 대학생의 비즈니스 매너와 공감능력 및 자아존중감의 관계 연구. 성신여자대학교 석사학위논문.

이애선(2013). 리조트 종사원의 서비스 마인드 제고를 위한 교육프로그램 구성에 관한 연구. 세종대학교 석사학위논문.

임관영(2013). 의전 서비스가 인천국제공항의 이미지 형성에 미치는 영향에 관한 연구. 한국항공대학교 석사학위논문.

임성은(2016). 기업교육서비스와 경험품질이 조직충성도에 미치는 영향, 한국서비스경영학회.

찾아보기

찾아보기

기타

저자 소개

임성은

서강대학교 언론학 석사
숭실대학교 경영학 박사
현) 극동대학교 교양대학 교수
극동대학교 교양대학 관계의 미학 교과 담당교수
한국관광산업 이사
관광경영학회 이사
커넥트밸류 MZ세대 교수위원
중소기업중앙회 교수위원
한국사이버평생교육원 생활예절 운영교수

고객서비스향상실무

1판 1쇄 인쇄 2021년 8월 2일
1판 1쇄 발행 2021년 8월 6일

저　　자 - 임성은
발 행 인 - 강철원
발 행 처 - 양성원
주　　소 - 경기도 파주시 검산로 173번길 29-20
전　　화 - 031-946-3861(代)
팩　　스 - 031-946-3864
이 메 일 - tnwpub@naver.com
홈페이지 - tnwpub.co.kr
출판등록 - 2015년 8월 31일 제 2015-000211 호

ISBN 979-11-6126-363-2

정가 20,000원